Anonymous

# Sammlung der Entscheidungen des Gr. Hess. Kassationshofs in Zivil- und Strafsachen

Anonymous

**Sammlung der Entscheidungen des Gr. Hess. Kassationshofs in Zivil- und Strafsachen**

ISBN/EAN: 9783743693586

Hergestellt in Europa, USA, Kanada, Australien, Japan

Cover: Foto ©ninafisch / pixelio.de

Weitere Bücher finden Sie auf **www.hansebooks.com**

# Sammlung der Entscheidungen des Großherzoglich Hessischen Cassationshofs in Civil- und Straf-Sachen

aus dem Jahre 1869.

Mit Ermächtigung des Großherzoglichen Ministeriums der Justiz

herausgegeben
von
Dr. Bernburg,
Großh. Ober-Appellations- und Cassations-Gerichtsrath
und
Dr. Franck,
Großh. Hofgerichtsrath.

Darmstadt 1871.
Druck und Verlag der L. C. Wittich'schen Hofbuchdruckerei.

# Verzeichniß

der in dem Jahrgang 1869 enthaltenen Cassationshofs-Urtheile sowohl in Civil-, als in Straf-Sachen, nach Datum und Namen der betheiligten Parthieen, nebst Angabe der einschlägigen Seitenzahl und Hinzufügung des summarischen Inhalts derselben.

## I. Urtheile in Civil-Sachen.

| Datum. | Namen der betheiligten Parthieen. | Seitenzahl. |
|---|---|---|
| 26. April. | Kurtz c. die Gr. Oberbaudirection.<br>Cumulation des Petitoriums mit dem Possessorium. -- Ergänzung eines unvollständigen Zeugenbeweises durch Zuziehung von urkundlichen petitorischen Beweisen -- öffentlicher Weg -- Unzulässigkeit der Einrede der verspäteten Erhebung der Besitzstörungsklage als neues Mittel in Cassatorio. | 3 |
| 24. Mai. | Römer u. Dr. Seubert in Alzey c. Weissenbach daselbst.<br>Defaut des motifs. -- Verkauf des Rechts des Bezugs der etwa sich ergebenden Dividenden von Actien einer Actiengesellschaft auf Namen, Werth-Papiere, im Gegensatz zum Verkaufe der wirklich sich ergebenden Dividenden. -- Verbotener Spiel- und Wettvertrag -- | 7 |

| Datum. | Namen der betheiligten Partheien. | Seitenzahl. |
| --- | --- | --- |
| | Verbindlichkeit eines Interessenten einem andern gegenüber bei einer etwa über die Liquidation einer Actiengesellschaft abzuhaltenden Generalversammlung nach dessen Ansicht seine Stimme abzugeben. | |
| 5. Juli. | Burger c. Löb. | 15 |
| | Freiwillige Cession von Gehaltstheilen eines Beamten an seine Gläubiger — spätere Arrestanlage. | |
| 12. Juli. | Umber c. Linn. | 22 |
| | Irrige juristische Qualification eines feststehenden von den Partheien nicht bestrittenen und nicht bestreitbaren Thatbestandes im Gegensatz zu einem förmlichen factischen Geständnisse. — Den Richter nicht bindende Kraft eines Interlocuts. — Freiheit des Richters in der juristischen Qualification eines factisch feststehenden Thatbestands gegensätzlich der verbotenen Klageänderung von Amtswegen. — Nicht begehrte Zinsen von Zinsen. | |
| 18. Oct. | Wittwe von Adam Krämer X. c. Wittwe von Jacob Krämer III. | 31 |
| | Contestation eines Theilungsstatus, Anwaltsact — Zeugenbeweis. — Act. neg. gest. — Beweisthema des Klägers. — Kenntniß der Geschäftsführung durch den Geschäftsherrn. | |
| 18. Oct. | Christian Hammes c. Maas u. Cons. | 35 |
| | Appell — Cedent — Cessionar. | |
| 8. Nov. | Wittwe Zeitträger c. die Firma Kleemann u. Comp. | 39 |
| | Eventuelle Eidesdelation, Acceptation und Ausschwörung. | |

| Datum. | Namen der betheiligten Partheien. | Seitenzahl. |
|---|---|---|
| 15. Nov. | Graf von Oberndorff c. Gr. Oberbaudirection u. Fink.<br>Nicht vorgebrachte Einrede, Cassationsrecurs. — Klage auf Vertragserfüllung, vorausgehende Sommation. | 43 |
| 22. Nov. | Bopp c. Probst.<br>Verkauf auf Ratification. — Interpretation der Verträge nach den Intentionen der Partheien — neue Klage in Appellatorio. — Zuständigkeit des Cassationshofs — neue Klage in revisorio. | 51 |
| 6. Dec. | Fallitmasse König c. Schleicher.<br>Interlocut, Zulässigkeit des Cassationsrecurses. — Rechtsgeschäfte des Falliten seit dem Tage der Rückdatirung des Falliments. | 66 |
| 20. Dec. | Bickel c. Bittel.<br>Irrige aber überflüssige Motivirung. — Cass. Recurs. | 73 |

## II. A. Urtheile in rheinhessischen Straf-Sachen.



| Datum. | Namen der betheiligten Partheien. | Seitenzahl. |
|---|---|---|
| 25. Jan. | Staatsbehörde c. Kranzbühler.<br>Verbreitung von Plänen einer auswärtigen im Großherzogthum nicht concessionirten Lotterie, Aufforderungen oder Anwerbungen für dieselben. | 3 |
| 25. Jan. | Staatsbeh. c. Kaisermann.<br>Strafbare Verletzung der gesetzlichen Wahl- u. Stimmrechte durch Versprechen von Vermögensvortheilen an die Wähler. | 5 |
| 25. Jan. | Staatsbeh. c. Deforth.<br>Verbotenes Fahren über fremdes Feld vor eingethaner Erndte. — Einrede: feci sed jure feci. | 9 |
| 22. März | Staatsbeh. c. Arnold Miltenburger.<br>Negativer Jurisdictions-Conflict. — Bezeichnung des competenten Rechten (reglement des juges). | 12 |
| 26. April | Staatsbeh. c. Kaisermann.<br>Entschiedene Rechtswahrheit. — Zurückverweisung an das vordere Gericht. — Thatsächliche Grundlage. | 15 |

| Datum. | Namen der betheiligten Partheien. | Seitenzahl. |
|---|---|---|
| 31. Mai. | Ober-Zoll-Direction und Staatsbeh. c. Huppert u. Menges, Dampfschifffahrts-Verein.<br>Notification des Cassationsrecurses in Gefolge Artikel 418 c. d'inst. crim. — Rechtsmittel in Defraudationssachen von Seiten der Ober-Zoll-Direction. — Zolldeclaration. — Animus defraudandi. | 18 |
| 5. Juli. | Staatsbeh. c. Kessel u. Bayerthal.<br>Störung der Sonntagsfeier und des Gottesdienstes. — Dringende Fälle. | 24 |
| 6. Sept. | Staatsbehörde c. Elisabethe Weitzel.<br>Beweiswerth der protokollarischen Vernehmung des Derobaten über den objectiven Thatbestand. | 25 |
| 20. Dec. | Staatsbehörde c. Georg Mayer.<br>Fälschung einer Urkunde, um sich ein Darlehen zu verschaffen. — Fälschung eines Gerichtsvollziehers-Akt. | 28 |
| 20. Dec. | Staatsbehörde c. Vollmar.<br>Animus injurandi. — Oeffentlicher Vorwurf der Unterlassung einer Dienstpflicht. | 31 |

## B. Strafsachen aus Starkenburg und Oberhessen.


| Datum. | Namen der betheiligten Parthieen. | Seitenzahl. |
|---|---|---|
| 11. Jan. | U. S. g. Rothschild.<br>Oeffentlichkeit des Verfahrens. Wiederaufnahme der Untersuchung. | 3 |
| 25. Jan. | U. S. g. Lind.<br>Gewerbepolizei. | 13 |
| 25. Jan. | U. S. g. Gries.<br>Beleidigung des Haupts eines fremden Staats. Nothwendigkeit der Klage des beleidigten Monarchen. | 15 |
| 15. Febr. | U. S. Diebstahl zum Nachtheile der Wittwe Stühlinger.<br>Familiendiebstahl. Nothwendigkeit der Klage gegen die Theilnehmer an einem solchen, welche mit dem Bestohlenen nicht verwandt sind. | 18 |
| 15. Febr. | Jagdstrafsache g. Kornmann IV.<br>Jagdstrafgesetz. Heegzeit. | 21 |
| 15. Febr. | U. S. g. den Hrn. Grafen von Stolberg-Ortenberg-Roßla.<br>Gerichtsstand der Standesherrn in Polizeisachen. | 23 |

| Datum. | Namen der betheiligten Partheien. | Seitenzahl. |
|---|---|---|
| 22. März | U. S. g. Spielmann. — Portodefraudation. | 25 |
| 26. April | U. S. g. Leske. — Beschwerderecht des Anklägers in Untersuchungssachen. | 27 |
| 10. Mai | U. S. g. Schemm. — Rechtsmittel gegen Zwischenurtheile. Aufschiebende Kraft derselben. Einfache Beschwerde. Zulässigkeit einer Vertretung des Beschuldigten in der Appellations-Instanz. Klage des beleidigten Theils. | 30 |
| 7. Juni | U. S. g. Ballmann. — Rechtliche Erheblichkeit einer von dem Angeklagten beantragten Zusatzfrage an die Geschworenen. (Art. 370 St. P. O.). | 40 |
| 7. Juni | U. S. g. Granl u. Lang. — Rechtliche Wirkung einer Appellationsanzeige. | 44 |
| 14. Juni | U. S. g. Klee. — Rückfall. | 47 |
| 16. Aug. | U. S. g. Haas. — Zuständigkeit der Anklagekammer zur Entscheidung über ein Gesuch um Freilassung gegen Caution. | 49 |
| 6. Sept. | U. S. g. Zulauf. — Beeidigung der Zeugen. | 52 |

| Datum. | Namen der betheiligten Partheien. | Seitenzahl. |
|---|---|---|
| 6. Dec. | U. S. g. Haas.<br>Thatbestand des ausgezeichneten Betrugs. | 54 |
| 13. Dec. | U. S. g. Wall.<br>Beeidigung der Zeugen. | 60 |
| 20. Dec. | U. S. g. Wittwe Gischler.<br>Thatbestand der Verläumdung im Sinne des Art. 305 St. G. B. | 61 |

Anmerk. Ein alphabetisches Inhaltsverzeichniß wird im nächsten Bande für beide Bände 1869 und 1870 erscheinen.

Civil- u. Straf-Sachen der Provinz Rheinhessen von Dr. Dernburg.
Straf-Sachen der Prov. Starkenburg u. Oberhessen von Dr. Franck.

# I.

# Urtheile in Civil-Sachen.

**Cumulation des Petitoriums mit dem Possessorium. — Ergänzung eines unvollständigen Zeugenbeweises durch Anziehung von urkundlichen petitorischen Beweisen — öffentlicher Weg — Unzulässigkeit der Einrede der verspäteten Erhebung der Besitzstörungsklage als neues Mittel in Cassatorio.**

1) Ist das Resultat des vom Besitzstörungskläger über seinen Annalbesitz geführten Zeugenbeweises durch den Gegenbeweis abgeschwächt, so läßt sich der Besitzrichter eine Zuwiderhandlung gegen die Vorschrift des Art. 25 der b. P. O. nicht zu schulden kommen, wenn er zur Ergänzung des Besitzbeweises petitorische Elemente zu Rathe zieht.

2) Namentlich kann er, wenn es sich bei einer Besitzstörungsklage um die Frage handelt, ob durch Verrückung eines Grenzsteins zwischen einem öffentlichen Weg und Privateigenthum eine solche begangen wurde, zur Ergänzung des Zeugenbeweises die durch Augenschein constatirten Merkmale über den Character des früher stattgehabten Steinsatzes als gültige Urkunden benutzen.

3) Ist die Einrede der verspäteten Besitzstörungsklage als nicht im Jahr der Störung angebracht nicht in den vordern Instanzen vorgebracht, so ist ein darauf gegründeter Cass.-Recurs unzulässig.

Kurtz c. die Gr. Oberbaudirection.

---

Unter dem 30. December 1867 erhob die Gr. Oberbaudirection zu Darmstadt, heutige Cass.-Beklagte gegen Christian Kurtz, Gastwirth in Oppenheim wohnhaft, heutigen Cassationskläger Besitzstörungsklage, welche sie auf folgende Thatsachen stützte. Sie behauptete, sie wäre Eigenthümerin und Besitzerin in der von Oppenheim nach Worms durch die Gemarkung Dienheim ziehenden Staatsstraße und habe diesen Eigenthumsbesitz stets und namentlich noch in der Zeit vom Januar und Febr. 1866 bis dahin 1867 ruhig, öffentlich und ungestört ausgeübt. Im Januar und Februar 1867 habe der Cassationskläger sein in der Gemarkung von Dienheim in den ein hundert Morgen gelegenes, Flur XIX Nr. 204—212 bezeichnetes, 2369 Klafter enthaltenes Grundstück umroden und dort sich beigehen lassen, die östliche Böschung der an dem Acker vorbeiziehenden Staatsstraße von Oppenheim durch Worms abzugraben, aufzufüllen und zu seinem Felde zu ziehen; sie beantragte deßhalb Schutz in ihrem Besitz, Verbot weiterer Störung und Ersatz des entstandenen Schadens mit 48 kr. Nachdem am Gr. Friedensgericht unter dem 19. Februar 1868 eine Ortsbesichtigung und am 12. März und 15. April darauf ein Haupt- und Gegen-Zeugenverhör stattgefunden hatte, erfolgte an diesem Gericht Urtheil, welches die Klage als unbegründet abwies; welches jedoch auf die dagegen von der Klägerin eingelegte Berufung an das Gr. Bezirksgericht zu Mainz durch Entscheidung vom 4. und 12. December 1868 dahin reformatorisch abgeändert wurde, daß der Cassationskläger Kurtz den Baufiscus in dem Annalbesitz durch von Oppenheim nach Worms ziehenden Staatsstraße dadurch gestört habe, daß er im Frühjahre 1868 beim Umroden seines Feldes einen Theil des zur öffentlichen Böschung des Feldes dienenden Geländes abrodeten und zu seinem Felde gezogen hat, und den Cass.-Kläger verurtheilte, den früheren Zustand wieder herzustellen.

Gegen dieses Urtheil ergriff Kurtz den Cassationsrecurs und machte als einziges Cassationsmittel geltend „Verletzung und üble Anwendung der Artikel 23, 24, 25 d. b. P. O., 2228, 2229, 2234 und 538 d. b. G. B. der wesentlichen Kriterien des Besitzes und der Gewaltüberschreitung.

Die Sache kam unter dem 26. April 1869 zur öffentlichen Verhandlung am obersten Gericht, welches auch den Recurs theils als unbegründet, theils als unzulässig verwarf.

## Cassationshofs-Urtheil:

In Erw. zur näheren Ausführung des zur Unterstützung des Recurses geltend gemachten Mittels der Cassationskläger behauptet:

1) das Bezirksgericht habe gegen die Vorschrift der Art. 24 und 25 der b. P. O. die Eigenthumsfrage mit der Frage des Besitzes kumulirt und verwechselt, die Beweisfrage auf den Fond des Rechtes ausgedehnt, und statt des Annalbesitzes den früheren Besitz, wie er durch den Steinsatz im Jahre 1843 begründet worden sei, gewürdigt und seiner Entscheidung zu Grunde gelegt.
2) In Folge dieser Cumulation sei das Bezirksgericht ohne Weiteres von der Voraussetzung ausgegangen, das streitige Gelände sei ein Theil der Chausseeböschung, während gerade diese Frage zwischen den Parthieen die streitige sei.
3) Das Bezirksgericht habe weiter seine Gewalt dadurch überschritten, daß es das streitige Terrain als eine res extra commercium erklärt habe, während eine Chaussee auch ohne Böschung gedacht werden könne, und daher die Frage, ob letztere vorhanden gewesen sei, mit Rücksicht auf den Besitzstand besonders hätte geprüft werden müssen.
4) Das Urtheil habe weiter den Art. 23 der b. P. O. dadurch verletzt, daß es den Besitz des Fiscus lediglich mit Rücksicht auf den aufgefundenen Grenzstein als einen öffentlichen erklärt habe, während derselbe seit Jahren unter der Erde verdeckt gewesen sei.
5) Endlich sei die Klage nur zulässig, wenn sie im Jahre der Störung erhoben wurde. Wenn auch im gegebenen Falle die Handlungen des Kurtz keinen juristischen Besitz

begründen könnten, wie das Bezirksgericht annehme, so hätten sie jedenfalls eine Störung des dem Fiscus zustehenden juristischen Besitzes und somit den Lauf der Jahresfrist zur Erhebung der Klage für diesen bewirkt.

In Erw. die sub 1—4. inclus. vorgebrachten Gründe den eingelegten Recurs nur dann zu rechtfertigen vermöchten, wenn das Gericht den Aussagen der klägerischen Zeugen gar kein Gewicht beigelegt, beziehungsweise den der Cass.-Beklagten Oberbaudirection obliegenden Beweis, daß sie sich im Annalbesitze des streitigen Geländes als eines Theils der Böschung befunden habe, durch die abgehörten Zeugen für vollständig mißlungen erklärt und lediglich auf den Grund der aufgefundenen mit den gesetzlichen Unterlagen versehenen Grenzsteinen den Annalbesitz der Klägerin als dargethan angenommen hätte, daß dieß jedoch nicht der Fall ist, das Gericht vielmehr erklärt, daß die Aussagen der Hauptzeugen an sich zur Begründung der Besitzstörnngsklage ausreichend seien; da sie jedoch wesentlich durch jene der Gegenzeugen abgeschwächt werden, die Grenzsteine als ein weiteres Moment für die Beurtheilung der Beweisfrage in Betracht zieht,

daß die Motive des Urtheils sich zwar auch dahin aussprechen:

> „hätte auch Kurtz schon vor 1867 das streitige Gelände ganz oder theilweise benützt, so wären dieß nur Uebergriffe, welche einen juristischen Besitz nicht zu begründen vermöchten"

und es hiernach den Anschein gewinnen könnte, als habe das Urtheil den Nachweis des Annalbesitzes durch den Fiscus für nicht nöthig erachtet; daß jedoch obige Wendung nur eine hypothetische ist, wodurch das Resultat des gewonnenen Beweises um so weniger beeinträchtigt werden kann, als der dispositive Theil des Urtheils den Fiscus als im Annalbesitze des streitigen Geländes befindlich erklärt; — daß hiernach der Recurs in den hier besprochenen Richtungen sich als unzuläßig, beziehungsweise als unbegründet darstellt.

In Erw. daß die sub 5 angedeutete Richtung des Recurses darum keine Berücksichtigung finden kann, weil ausweislich der Acten die Einrede der Verspätung der Klage in den vordern Instanzen nicht vorgeschützt worden ist, und solche nicht zum erstenmale in der Cassationsinstanz geltend gemacht werden kann,

daß hiernach das Gesuch in allen Theilen zu verwerfen ist.

Aus diesen Gründen

verwirft Gr. Oberappellations- und Cassationsgericht, als Cassationshof erkennend, den Cassationsrecurs theils als unzulässig, theils als unbegründet, erklärt die hinterlegten Succumbenzgelder für verfallen und verurtheilt den Cass.-Kläger in die Kosten.

Darmstadt, 26. April 1869. Präs.: Benner.

Ref.: Dr. Röder. Staatsbeh.: Obergerichtsrath Frhr. v. Jungenfeld.

Anwalt: Krämer.

---

**Defaut des motifs — Verkauf des Rechts des Bezugs der etwa sich ergebenden Dividenden von Actien einer Actiengesellschaft auf Namen, Werth-Papiere, im Gegensatz zum Verkaufe der wirklich sich ergebenden Dividenden. — Verbotener Spiel- und Wettvertrag — causa der Uebernahme einer Bürgschaft. — Verbindlichkeit eines Interessenten einem andern gegenüber bei einer etwa über die Liquidation einer Actiengesellschaft abzuhaltenden Generalversammlung nach dessen Ansicht seine Stimme abzugeben.**

1) Hat ein Gericht einen ausweislich der im Urtheile inserirten Conclusionen genommenen Beweisantrag in den Motiven ausdrücklich für relevant erklärt, und nichtsdestoweniger die

betreffenden Thatsachen nicht zum Beweise ausgestellt, so ist seine Entscheidung auf Grund mangelnder Motivirung (defaut des motifs) zu cassiren.

2) Der Verkauf der künftig auf eine Actie einer Actiengesellschaft auf Namen (Art. 209. Nr. 5 und 223 d. a. d. H. G. B.) fallen werdenden Dividenden ist nicht zu verwechseln mit dem Verkauf des Bezugsrechts solcher Dividenden; in jenem Falle sind die Dividenden in diesem das Bezugsrecht Gegenstand des Vertrags. — Ob die eine oder die andere Art des Verkaufs vorliege, ist aus den Intentionen der Parthien zu ermitteln.

3) Ein Dividenden-Verkauf letzterer Art bildet so wenig einen nicht klagbaren Wett- oder Spielvertrag, als ein ernster Verkauf der Werthpapiere selbst, deren Werth sich ebenfalls nach der Höhe der zu erhoffenden Dividenden bemißt, als solcher gilt.

4) Die Frage, ob der Uebernahme einer Bürgschaft für einen Dritten eine justa causa unterliegt, bleibt dem verbürgten Gläubiger selbst gegenüber fremd.

5) Uebernimmt der Verkäufer eines Dividenden-Bezugsrechts um eine vom Käufer zu bezahlenden Aversionalsumme, die Verbindlichkeit falls später eine Generalversammlung der Actionäre über die Liquidation der in Rede stehenden Actiengesellschaft zusammenberufen werden sollte, nach dem Willen des Käufers zu stimmen; so liegt hierin nicht nothwendig eine causa illicita, es hat hierbei das concrete Verhaltniß zu entscheiden.

Römer u. Dr. Seubert in Alzey c. Weissenbach daselbst.

Unter dem 27. März 1866 schlossen vor Notar Jonas in Wörrstadt Carl Römer und Dr. Adolph Seubert, beide Gutsbesitzer zu Alzey, die heutigen Cassations-Kläger einerseits und Friedrich Weiffenbach, Malzfabrikant daselbst, der heutige Cassat.-Beklagte andrer Seits, folgende zwei Acte ab: In dem ersten Acte, in welchem Weiffenbach als Director der Alzeyer Brauerei- und Mälzerei-Gesellschaft (einer Actien-Gesellschaft auf Namen) handelte, erklärte derselbe, daß von den Actien dieser Gesellschaft noch 128 Stück à 250 fl. per Stück im Nominalbetrage von 32,000 fl. zu begeben seien, und verpflichteten sich Römer und Seubert diese Actien zu dem Preise von 26,000 fl. mit Beginn des dießjährigen Braujahres (1. Oct. 1866) zu übernehmen, dagegen verpflichtete sich Weiffenbach in seiner genannten Eigenschaft an Römer und Seubert die Träber von 2000 Centner Malz alljährlich zum Preise von 2 fl. 40. per Centner und zwar auf die Dauer von 5 Jahren vom 1. Oct. 1866 an zu überlassen.

In dem zweiten Acte, welcher zwischen dem genannten Weiffenbach in eigenem Namen und Römer und Seubert abgeschlossen wurde, verkaufen und übertragen letztere an ersteren die Dividende von 128 Actien die Alzeyer Brauerei und Mälzerei, welche sie in Gemeinschaft zu besitzen erklärten, um den Kaufpreis von 1560 fl. per Jahr unter folgenden Bedingungen:

1) Der Käufer ist verpflichtet, obige 1560 fl. alljährlich auf den 11. Novbr., und zwar auf diesen Tag im Jahr 1867 zum erstenmal, und sofort während des Bestehens der Brauerei an die Verkäufer in deren Hände und Wohnung zu entrichten.
2) Im Falle einer Liquidation der beregten Brauerei ist Weiffenbach gehalten und verpflichtet sich hiermit denjenigen Betrag der alsdann weniger erlöst wird, als die Uebernahmssumme jener Actien mit 26,000 fl. aus eigenen Mitteln zu ersetzen und sie in dieser Beziehung vollständig schadlos zu halten.
3) Römer und Seubert verpflichten sich dagegen, falls Weiffenbach in einer über die Liquidation der in Rede stehenden Gesellschaft berathenden General-Versammlung für die Liquidation derselben stimmen sollte, gleichfalls ihre Stimme dafür abzugeben; andernfalls alle und jede Ersatzverbindlichkeit von Weiffenbach für den oben erwähnten etwaigen Wenigererlös aus den Actien erlischt.
4) Bezüglich des gegenwärtigen Dividenden-Verkaufs übernehmen Römer und Seubert keinerlei Garantie.

In Folge des zweiten Actes ließen die Dividendenverkäufer Römer und Seubert den Käufer Weiffenbach, da er den den 11. Nov. 1867 fällig gewordenen Kaufpreis nicht bezahlt, unter dem 14. Nov. darauf Zahlbefehl auf Zahlung des Betrags von 1560 fl. zustellen, gegen welchen dieser den 15. Nov. darauf Opposition mit Ladung an das Gr. Bezirksgericht Alzey einlegte, und erhob unterm 4. Dec. 1867 Incidentklage auf Aufhebung des in Execution gesetzten Actes als nichtig und wirkungslos. Das Gr. Bezirksgericht wies durch Urtheil vom 12. Dec. 1867 und 4. Jan. 1868 Opposition und Zwischenklage als unbegründet ab; auf Appellation des besagten Weiffenbach an das Gr. Obergericht reformirte dieses Gericht durch Urtheil vom 25. Juli 1868 das erstinstanzliche Urtheil und wies die eingeleiteten Verfolgungen als unzulässig ab.

Gegen dieses Urtheil ergriffen die ursprünglichen Oppositen das Rechtsmittel der Cassation, welches nach erfolgter Admission durch Urtheil des obersten Gerichtshofs vom 24. Mai 1869 cassirt wurde, in revisorio wurde das Urtheil erster Instanz wieder hergestellt.

## Cassationshofs-Urtheil:

In Erw. Römer und Seubert gegen diese Entscheidung heute den Cassat.-Recurs verfolgen, denselben durch 10 verschiedene Mittel zu rechtfertigen versuchen und darin defaut des motifs, Verletzung der Artikel 1603, 1607, 1689, 1130, 1964, 1168, 1181, 1610, 1611, 1612, 1606, 1690, 1650, 1583, 1134 des bürgerlichen Gesetzbuchs, des Artikels 183 u. 223 des Handelsgesetzbuchs, Verletzung der Verhandlungsmaxime, Gewaltüberschreitung und Denaturirung der beiden Acten vor Notar Jonas behaupten, daß das dritte formelle Mittel des defaut des motifs zuerst zu prüfen ist, und dasselbe sich als vollständig begründet bewährt.

In Erw. nämlich die Cassationskläger ausweislich der in

zur Beseitigung der gegen die Verfolgungen vorgeschützte Unzulässigkeitseinrede die Cassationskläger zu beweisen hätten, daß sie einen Titre besäßen, der sie berechtige von 128 Stück Actien der Alzeyer Brauerei und Mälzerei die Dividende zu beziehen, gleichwohl aber die obigen zu diesem Zwecke gemachten Beweisanerbieten vollständig übergeht, ja sogar behauptet, daß ein solches Beweisanerbieten gar nicht gemacht worden sei, und ausführt, daß, da die beiden Acte vor Notar Jonas und der produzirte Privatact vom 1. April 1866 nicht geeignet seien, diesen Beweis zu liefern, die Verfolgungen unzulässig erklärt werden müßten; daß hiernach die obergerichtliche Entscheidung offenbar an einem defaut des motifs leidet, indem das Gericht in der Hauptsache definitiv erkannt hat, ohne ein von ihm selbst relevant erachtetes Beweisanerbieten in rechtlichen Betracht zu ziehen —

daß der Cassationsbeklagte zwar heute behauptet, das Obergericht habe darum die erbotenen Beweise nicht berücksichtigt:

1) weil es die Verfolgungen formell unzulässig erklärt habe, indem der ihnen zu Grunde liegende Act keinen Kauf, sondern nur ein Kauf**versprechen** enthielte, so daß es auf die erbotenen Beweise nicht ankäme, da dem Acte durch den in dem Beweisanerbieten behaupteten Vollzug des Kaufversprechens nicht ex post die Eigenschaft der directen Vollziehbarkeit gegeben werden könne, —
2) weil die Beweise lediglich zur Beseitigung der gegen den materiellen Rechtsbestand des Actes vor Notar Jonas vorgebrachten Einreden erbeten worden seien; das Gericht aber in diese Frage gar nicht eingegangen sei, daß jedoch diese Behauptungen mit dem klaren und unzweideutigen Inhalt des Urtheils a quo in Widerspruch stehen, welches gerade davon ausgeht, daß hier ein **Kauf** vorliege und ausdrücklich wiederholt erklärt, daß der Beweis, wenn er geführt worden wäre, auch nicht der Relevanz entbehren würde,

daß hiernach beide Einwände zu verwerfen sind, und das Urtheil a quo auf Grund des dritten Mittels (defaut des motifs) zu cassiren ist, ohne daß es nöthig wäre, auf die übrigen Mittel einzugehen.

In **Erw.** in revisorio in dem Anwalsacte vom 24. Januar 1868 folgende Beschwerden aufgestellt werden:

1) Die Verfolgungen seien unzulässig, weil es sich von einem Verkaufe handele, und die Revidenten den Kauf-

preis nicht fordern könnten, ohne daß sie das Kaufobject ablieferten oder wenigstens zur Ablieferung offerirten;

2) die künftigen Dividenden seien ganz unbestimmte Kaufobjecte, der Kauf könne also nur unter der Bedingung abgeschlossen gedacht werden, daß die Dividenden wirklich zur Existenz kämen, was namentlich bezüglich der Dividende von 1867 nie der Fall gewesen sei;

3) es liege nur ein verkleideter Spielvertrag vor.

4) In Folge der sub 2 u. 3 ponirten Beschwerden hätte die Zwischenklage auf Vernichtung des Kaufvertrags zugesprochen werden müssen —

5) die in dem Acte enthaltene Stipulation, daß falls der Revise in der Generalversammlung der Gesellschaft für die Liquidation derselben stimmen sollte, die Revidenten gleichfalls ihre Stimme dafür abgeben sollten, verstoße gegen die guten Sitten und mache nach Art. 1172 c. c. den ganzen Vertrag in allen seinen Theilen nichtig; jedenfalls müsse die darin enthaltene Bürgschaft für 26,000 fl. als **sine causa** gegeben, aufgehoben werden — daß zur Beurtheilung dieser Beschwerden vor Allem die Frage zu prüfen ist, was den Gegenstand des zwischen den Partheien abgeschlossenen Kaufvertrags bildete, ob, wie der Revise behauptet, die Revidenten ihm die wirkliche auf die 128 Actien entfallende Dividende, unter der Voraussetzung, daß sich eine solche ergeben würde, verkauften, oder ob nicht vielmehr das Kaufobject in dem dem Käufer übertragenen Rechte zum Bezuge der Dividenden ohne Garantie dafür bestand, daß wirklich eine solche zur Vertheilung käme.

In Erw. daß nach dem klaren Inhalt der beiden Acte vor Notar Jonas, welche, obschon in zwei verschiedenen Urkunden aufgenommen, doch nur als ein Vertrag angesehen werden können, es nicht zweifelhaft ist, daß die Intention der Parthieen nicht dahin ging, die wirklich erzielten jährlichen Dividenden, sondern das Recht auf deren Bezug zu verkaufen, und zu erwerben, indem die Revidenten, nachdem sie dem von den Revisen geleiteten Unternehmen durch die Uebernahme der restirenden 128 Actien die nöthigen Fonds zu dessen Fortbetrieb gewährt hatten, ihrerseits zur Sicherheit des von ihnen hierfür aufgewendeten Kapitals von 26,000 fl. die persönliche Bürgschaft des Revisen; zur Sicherheit der alljährlichen Zinsen desselben aber den Verkauf der Dividenden an denselben bedungen, letztere

Absicht aber nicht hätten erreichen können, wenn die Zahlung des Kaufpreises von der Existenz der Dividenden abgehangen hätte.

In Erw. der Revise heute selbst zugibt, daß zur Zeit des Zahlbefehls 128 Actien der fraglichen Gesellschaft auf den Namen der Revidenten in dem Actienbuch eingetragen waren, durch diesen Eintrag aber die Revidenten ihren Verpflichtungen als Verkäufer des Rechts zum Bezuge der Dividenden genügt hatten, da inhaltlich der Statuten besondere Coupons zur Erhebung der Dividenden nicht bestehen, und so weit eine Signification des Kaufactes vor Notar Jonas an den Vorstand der Gesellschaft nöthig war, der Revise solche auf sein Betreiben zu bethätigen hatte — hiernach die erste Beschwerde unbegründet erscheint.

In Erw. zur zweiten Beschwerde künftige Sachen den Gegenstand des Verkaufs bilden können; oben aber bereits nachgewiesen wurde, daß im vorliegenden Falle das Recht zu Bezuge der künftigen Dividenden ohne Garantie — daß sie existent würden und nicht die wirklich erzielten Dividenden verkauft wurde, somit auch diese Beschwerde der Begründung entbehrt.

In Erw. zur dritten Beschwerde der Verkauf eines dem Verkäufer fest zustehenden Rechtes, dessen Ertrag aber in quali et quanto unsicher ist, gegen einen fixen Kaufpreis, wobei der Verkäufer auf einen höheren Ertrag verzichtet und unter einem geringeren nicht leidet, einen gesetzlich erlaubten Vertrag bildet; die Kriterien eines nicht klagbaren Spiel- und Wettvertrags aber, wie der erste Richter mit Recht angenommen hat, hier nicht vorliegen, daß somit auch diese, sowie die vierte Beschwerde, welche als eine Consequenz der vorhergehenden und der zweiten Beschwerde die Vernichtung des den Verfolgungen zu Grunde liegenden Kaufvertrags verlangt, zu verwerfen ist.

In Erw. die fünfte Beschwerde anlangend, daß die lediglich im Interesse des Revisen getroffene Stipulation, wornach die Revidenten sich verpflichteten, falls der Revise in einer zu berufenden Generalversammlung für die Liquidation der Gesellschaft stimme, ebenfalls für dieselbe ihre Stimme abzugeben, unter den zwischen den Parthieen obwaltenden concreten Verhältnissen nicht gegen die guten Sitten verstößt; insoweit aber der Revise behauptet, daß die von ihm übernommene Bürgschaft, weil er sie sine causa geleistet habe, nichtig sei, dieser Einwand jeder rechtlichen Begründung entbehrt, indem es nicht an dem Gläubiger ist, dem gegenüber einer Bürgschaft geleistet wird, zu untersuchen, aus welchem Grunde (Motiv) der Dritte eine solche übernimmt, sondern an dem Bürgen selbst, der sich allein über den Grund der Verbürgung Rechenschaft zu geben hat, und, wenn er keinen Grund hatte, die Bürgschaft zu leisten, doch jedenfalls der Verbürgte seinen Grund hatte, solche anzunehmen,

daß hiermit auch die fünfte Beschwerde und somit die Berufung in allen ihren Theilen zu verwerfen ist, ohne daß es auf den Seitens der Revidenten eventuell deferirten Eid ankäme.

In Erw. der Revise als unterliegender Theil in die Kosten dieser Instanz, wie in jene der cassirten Appell-Instanz zu verurtheilen ist.

Aus diesen Gründen

cassirt Gr. Oberappellations- und Cassationsgericht, als Cassationshof erkennend, auf den Grund des dritten Mittels, unter Verwerfung der dagegen vorgebrachten Einreden, das Urtheil des Gr. Obergerichts in Mainz v. 2./25. Juli 1868, um ohne Wirkung zu bleiben und verordnet die Rückgabe der hinterlegten Succumbenzgelder.

In revisorio Recht sprechend, verwirft das Gericht, indem es Urkunde ertheilt, daß der Revise heute zugiebt, daß zur Zeit des Zahlbefehls 128 Actien der Alzeyer Brauerei und Mälzerei auf den Namen der Revidenten in dem Actienbuch dieser Gesellschaft eingetragen waren, den Appell des Revisen gegen das Urtheil des Bezirksgerichts Alzey vom 12. December 1867 und 2. Januar 1868 als unbegründet.

Verurtheilt den Revisen in die Kosten der Cassations- und Revisions-Instanz, sowie in jene der Appell-Instanz, erklärt die von dem Anwalt der Revisionskläger hinterlegten Appellstrafe für verfallen und verurtheilt den Revisen zum Ersatz derselben an die Revisionskläger.

Darmstadt, 24. Mai 1869. Präs.: Benner.

Ref.: Dr. Röder. Staatsbeh.: Obergerichtsrath Frhr. v. Jungenfeld.

Anwälte: Cass.-Kl. Daudistel — Cass.-Bekl. Dr. Görz.

## Freiwillige Cession von Gehaltstheilen eines Beamten an seine Gläubiger — spätere Arrestanlage.

**Hat ein Staatsbeamter bereits das pfändbare Fünftheil seines Staatsgehalts an einen Theil seiner Gläubiger freiwillig cedirt, so bleibt der spätere Arrest eines andern Gläubigers insolange ohne Object bis die früheren cessionarischen Gläubiger befriedigt sind.**

Burger c. Löb.

---

Der heutige Cassationsbeklagte Leopold Loeb IV. legte unterm 30. März 1868 in Gemäßheit eines Urtheils des Gr. Bezirksgerichts Alzey vom 9. Januar und 21. Februar 1861 gegen den Cassationskläger Burger zur Sicherheit einer Hauptschuld von 165 fl. und 200 fl. für Zinsen und Kosten Arrest bei dem Gymnasialfond in Worms auf den aus diesem Fond zu beziehenden Lehrergehalt des Burger an und bethätigte in gesetzlicher Frist die Gültigkeitsklage und die Notification derselben an den Drittarrestaten.

Am 9. Juli 1868 brachte der Arrestkläger in der bei dem Bezirksgericht Alzey anhängigen Instanz das gesetzliche Zeugniß des Drittarrestatischen Fonds d. d. 8. Juli 1838 in den Proceß, woraus sich ergibt:

1) daß der Arrestbeklagte aus dem Fond decretmäßig einen jährlichen Gehalt von 1000 fl. anzusprechen hat; dessen Auszahlung jedoch zufolge Verfügung des Gr. Kreisamtes vom 5. März 1867 sistirt worden war, und daß derselbe vom diesem Tage ab, in Folge Urtheils des Bezirksgerichts Alzey vom 21. März 1867 eine vorschußweise Unterstützung von 333 fl. 20 kr. jährlich bezogen hat,

2) daß durch kreisamtliche Verfügung vom 4. Juni 1868 die Wiederauszahlung des Gehaltes an den Arrest-Beklagten gestattet worden ist, wornach derselbe für das

| | | | |
|---|---|---|---|
| Jahr 1867 noch . . . . . . . | 546 fl. | 17 | kr. |
| und für das erste Semester 1868 . | 500 „ | — | „ |
| zusammen | 1046 fl. | 17 | kr. |
| zu erhalten hatte, worauf theils an ihn selbst, theils an angewiesene Gläubiger bezahlt waren . . . . | 878 fl. | 59¼ | kr. |
| sodaß noch verblieben | 167 fl. | 17¾ | kr. |

wofür der Arrest von Löb bestand,

3) daß an dem Gehalt vom 12. Juli 1868 abwärts laut früherer Cessionen abgehen:

| | | | |
|---|---|---|---|
| a. an Johann Friedrich Schlipp in Worms laut Act vom 29. Januar 1863 für 470 fl. 32 kr. monatlich . . . . . . . . . | 11 fl. | 40 | kr. |
| b. an Dr. Bernhard Schröder daselbst laut Act vom 15. October 1861 für 474 fl. 50 kr. monatlich . . . . . . . . . . | 6 fl. | 29 | kr. |
| c. an die Sparkasse daselbst laut Act vom 3. Februar 1866 für 1480 fl. monatlich . . . . | 15 fl. | — | kr. |
| zusammen monatlich | 33 fl. | 9 | kr. |

Unterm 6. Juli 1868 hatte der Cassationskläger unter Berufung auf den Artikel 5 des Edicts vom 12. April 1820 Zwischenklage auf Aufhebung des Arrestes, *soweit er sich auf mehr als ein Fünftel seines Gehalts erstrecke*, erhoben. — Durch Urtheil vom 9. Juli 1868 wurde diese Zwischenklage für begründet erklärt und dem Drittarrestaten aufgegeben, dem Zwischenkläger ⁴/₅ seines Gehalts und zwar sowohl des rückständigen, soweit darüber noch nicht verfügt sei, als des laufenden auszubezahlen, *und die weitere Entscheidung in der Hauptsache vorbehalten.*

Am 16. October 1868 erhob der Cassationskläger eine neue Zwischenklage, in der er ponirte: Wie aus dem Zeugniß des Gymnasialfonds hervorgehe, habe er von seinem Gehalte von 1000 fl. jährlich oder 83 fl. 20 kr. monatlich bereits vor dem Arrest den Betrag von 33 fl. 9 kr. monatlich an die oben genannten Gläubiger übertragen; es sei demnach zur Zeit der Arrestanlage über mehr als ein Fünftel des Gehalts zu Gunsten seiner Gläubiger in rechtsgültiger Weise verfügt gewesen; der Arrest könne deßhalb vorerst keine Wirkung äußern und der Drittarrestat-Fond sei nicht befugt, ihm irgend einen weiteren Theil seines Gehalts zurückzuhalten, bis die Gläubiger, denen bereits Anweisung gegeben sei, befriedigt seien; da derselbe gleichwohl ein weiteres Fünftel seines Gehalts mit 16 fl. 40 kr. monatlich einhalte, so beantrage er in Auslegung des Urtheils vom 9. Juli 1868, das Gericht möge die Arrestgültigkeitsklage abweisen und dem Drittarrestaten aufgeben, ihm seinen rückständigen und laufenden Gehalt nach Abzug obiger Anweisungen im Betrag von 33 fl. 9 kr. monatlich ohne Rücksicht auf den angelegten Arrest auszuzahlen.

Durch Urtheil vom 4./5. November 1868 wurde diese Zwischenklage als unbegründet abgewiesen, das Bezirksgericht erklärte vielmehr, den angelegten Arrest für den bis zum 1. Juli 1868 rückständigen Gehalt des Cassationsklägers im Betrage von 167 fl. 17¾ kr., ferner für ein Fünftel des von da an laufenden Gehalts gut und gültig, und gab der drittarrestatischen Verwaltung auf, dem Kläger Löb den rückständigen Gehalt mit 167 fl. 17¾ kr. ganz, und vom 1. Juli 1868 ein Fünftel des Monatsgehalts mit 16 fl. 40 kr. so lange zu bezahlen, bis der Arrestkläger für seine Forderung an Capital, Zinsen und Kosten vollständig befriedigt sein wird.

Gegen dieses Urtheil ergriff Burger den Cassationsrecurs an den obersten Gerichtshof, nach vorausgegangener Admission erging auf contradictorische Verhandlung folgendes

## Cassationshofs-Urtheil:

In Erw. der ursprüngliche Arrestbeklagte Burger gegen das bezirksgerichtliche Urtheil den Cassationsrecurs verfolgt, und solchen auf eine Verletzung des Art. 580 der b. P. O. und des Art. 5 des Edicts vom 12. April 1820 stützt, — daß der vordere Richter seine Entscheidung damit zu rechtfertigen sucht, daß der erwähnte Art. 5 nur eine Beschlagnahme des Gehaltes oder der Pension durch die Gläubiger über ein Fünftel verbiete, keineswegs aber die freie Disposition des Beamten selbst über seinen Gehalt durch Cessionen oder Anweisungen hindern wolle, die Cessionen in dem vorliegenden Falle auch nicht einer Beschlagnahme des Gehaltes gleichgeachtet werden könnten, „indem letztere die Erhebung des Gehaltes „durch den betreffenden Beamten hindere, während erstere nur „eine Art der Erhebung durch den Beamten selbst seien, be-

„ziehungsweise als eine Rückerstattung für vorgeschossene, also „anticipirt genossene Gehaltsbeträge, oder als eine Zahlung für „zu Lebensbedürfnissen oder auch zu Lebensannehmlichkeiten von „Dritteren bezogenen Werthe sich darstelle.“

In Erw. daß der Cassationsbeklagte in seiner Vertheidigungsschrift im Wesentlichen dieselben Gründe vorbringt und insbesondere noch hervorhebt, daß die Nichtbeschlagbarkeit der Gehalte über ein Fünftel ein Privilegium der Beamten bilde, das nicht dahin ausgedehnt werden dürfe, daß sie in der freien Verfügung über ihren Gehalt beschränkt würden.

In Erw. wenn der Gesetzgeber den Beamten in dem Bezug seines Gehaltes bis zu einem gewissen Grade geschützt hat, dies nicht nur im persönlichen Interesse des Beamten, dem er die zu seiner Subsistenz nöthigen Mittel nicht entziehen wollte, sondern wesentlich auch im öffentlichen Interesse geschehen ist, indem er in einer solchen Zusicherung eine Garantie für eine gute nicht corrumpirte Dienstleistung und ein Mittel zur Erhaltung der äußeren Würde und des Ansehens des Beamten erkannte, daß bei dieser Absicht des Gesetzes es einerlei ist, ob derjenige Gehaltstheil, welchen der Staat als das geringste Maas dessen erklärt, was dem Beamten verbleiben müsse, ihm auf dem Wege der freiwilligen Abtretung an seine Gläubiger oder der gerichtlichen Beschlagnahme entzogen wird, und der Zweck des Gesetzes vollständig vereitelt würde, wenn es gestattet wäre, einem Beamten, der in aufrichtiger Weise einen den fünften Theil seines Gehaltes übersteigenden Betrag bereits freiwillig an seine Gläubiger abgetreten hat, noch ein weiteres Fünftel durch Beschlagnahme entziehen zu können, daß hiernach die von dem Bezirksgerichte dem erwähnten Art. 5 gegebene Auslegung eine irrige ist, und das betreffende Urtheil deßhalb zu cassiren ist,

daß unter diesen Umständen auf das eventuelle Mittel des Cassationsklägers, daß das angegriffene Urtheil zugleich eine Denaturirung des früheren Urtheils vom 9. Juli 1868 enthalte, nicht eingegangen zu werden braucht, daß ebensowenig der eventuelle Recurs gegen dieses letztere Urtheil in Betracht zu ziehen ist, da er nur für den Fall eingelegt ist, daß das oberste Gericht der Ansicht sein sollte, daß dasselbe dieselben Principien ausgesprochen habe, wie das zu cassirende Urtheil vom 4/5. November 1868, und daß ersteres für letzteres präjudiziell sei, daß jedoch beide Voraussetzungen nicht vorliegen, indem das erste Urtheil über die Zulässigkeit des eingelegten Arrestes neben den Cessionen gar nicht erkannte, sondern in Gemäßheit der Zwischenklage vom 6. Juli 1868 den Arrest, insoweit er auf mehr als ein Fünftel des Gehalts angelegt war, aufhob und dem Drittarrestaten aufgab, dem Arrestbeklagten vier Fünftel desselben und zwar des rückständigen, soweit darüber noch nicht verfügt sei, und des laufenden, auszuzahlen und jede weitere Entscheidung in der Hauptsache vorbehielt, hiermit also der in dem Urtheil vom 4/5. November 1868 zur Entscheidung gekommenen und erst durch die Zwischenklage vom 16. Oct. 1868 provozirten Frage, inwieweit die in der Gültigkeitsklage beantragte Ueberweisung des streitigen Gehaltsfünftels neben den Cessionen eine rechtlich zulässige sei, nicht präjudizirt ist.

In Erw. in revisorio, durch das nicht contestirte Zeugniß des Drittarrestaten feststeht, daß der Revisionskläger bereits längere Zeit vor der Arrestanlage zu den oben angegebenen Daten von seinem monatlichen Gehalt im Betrage von 83 fl. 20 kr. den Betrag von 33 fl. 9 kr. an die Gläubiger Schlipp, Dr. Schröder und die Sparkasse in Worms cedirt hat, während das beschlagbare Fünftel nur 16 fl. 40 kr. beträgt, daß die Aufrichtigkeit dieser Cessionen von den Revisen heute nicht mehr bestritten wird, und derselbe in seiner Vertheidigungsschrift ausdrücklich erklärt, von weiteren Beanstandungen derselben absehen zu wollen; daß unter diesen Umständen nach dem zum Cassatorium Gesagten der von dem Revisen angelegte Arrest erst nach vollständiger Befriedigung der obigen Gläubiger Wirkung zu äußern vermöchte;

daß der Revisionskläger jedoch heute behauptet, und diese Behauptung von dem Revisen nicht bestritten wird, daß er am 23. September 1868 von Worms nach Michelstadt versetzt worden sei, und daß in Folge dessen sein Gehaltsbezug aus dem Gymnasialfonds in Worms von diesem Tage aufgehört hätten, daß hiernach, da die angewiesenen Gläubiger an diesem Tage (23. September 1868) noch nicht vollständig befriedigt waren, ein Object für den angelegten Arrest des Revisen nicht mehr vorhanden ist, und die erhobene Gültigkeitsklage nur insofern noch rechtliche Bedeutung behält, als darin die Verzinsung der bis dahin unverzinslichen Hauptsumme von 165 fl. beantragt wird,

daß der Revisionskläger diesem Antrag auf Verzinsung, der

heute wiederholt wird, keinen Einwand entgegensetzt, derselbe demnach zuzusprechen ist,

daß der Revise eventuell beantragt, daß ihm jedenfalls der nach dem Zeugniß des Drittarrestaten am 1. Juli 1868 vorhandene rückständige Gehalt mit 167 fl. 17¾ kr. ganz ausgeliefert werden möge, indem diese Summe weniger betrage, als das Fünftel des dem Arrestbeklagten während der Gehaltssperre — 15. März 1867 — 4. Juni 1868 — gebührenden Gehaltes;

daß jedoch die das beschlagbare Fünftel überschreitenden Cessionen schon vor der amtlich verfügten Gehaltssistirung, durch welche dieser Rückstand sich angesammelt hat, (5. März 1867) bestanden haben, daher auf den rückständigen Gehalt dieselben Grundsätze wie auf den laufenden anzuwenden sind.

In Erw. die Incidentklage des Revisionsklägers vom 16. October 1868 anlangend, daß das Urtheil des Bezirksgerichts Alzey vom 9. Juli 1868 unter Vorbehalt des Erkenntnisses in der Hauptsache den Arrest nur insoweit aufgehoben hatte, als er sich auf mehr als ein Fünftel des Gehalts bezog, daß derselbe nach dem oben Gesagten jedoch nur für dieses Fünftel nicht zu Recht besteht, daher die Zwischenklage sich begründet erweiset, der Arrest aufzuheben und dem drittarrestatischen Gymnasialfonds aufzugeben ist, dem bis 1. Juli 1868 rückständigen Gehalt mit 167 fl. 17¾ kr., sowie den laufenden Gehalt, so weit er ihn bisher noch zurückgehalten hatte, mit alleinigem Abzug der an die obengenannten Cessionare ertheilten Anweisungen an den Revisionskläger auszuzahlen.

In Erw. die Kosten der Cassations-Instanz dem Cassat.-Beklagten zu belasten sind, bei Vertheilung der übrigen Kosten einige Rücksicht darauf zu nehmen ist, daß der angelegte Arrest nach Befriedigung der angewiesenen Gläubiger allerdings Wirkung geäußert hätte, wenn nicht die vollständige Objectlosigkeit desselben durch die nicht vorherzusehende Versetzung des Revisionsklägers von Worms eingetreten wäre; daß hiernach die Kosten der Arrestacte dem Revisionskläger zu belasten, die übrigen sachgemäß zu vertheilen sind.

Aus diesen Gründen

cassirt Gr. Oberappellations- und Cassations-Gericht, als Cassationshof erkennend, das Urtheil des Gr. Bezirksgerichts Alzey vom 4./5. November 1868 um ohne Wirkung zu bleiben, und verordnet die Löschung des wegen der en debet notirten Succumbenzgelder gemachten Eintrags.

In revisorio erkennend:

hebt das Gericht den auf Anstehen des Revisen durch Act des Gerichtsvollziehers Münzer vom 30. März 1868 bei dem Gymnasialfonds in Worms gegen den Revisions-Kläger Burger angelegten Arrest auf; weist die Klage vom 2. April 1868, soweit sie auf Gültigkeitserklärung des am 30. März 1868 auf Anstehen des Revisen Löb gegen den Revidenten Burger bei dem Gymnasialfond in Worms angelegten Arrestes gerichtet ist, als objectlos ab; gibt in Erkenntniß auf die Zwischenklage vom 16. October 1868 dem drittarrestatischen Gymnasialfond in Worms auf, dem Revisionskläger Burger den ganzen nach dem Zeugniß vom 8. Juli 1868 rückständigen Gehalt desselben mit 167 fl. 17 3/4 kr. und den vom 1. Juli 1868 laufenden Gehalt nach Abzug der darauf ertheilten monatlichen Anweisungen, als:

| | | | |
|---|---|---|---|
| a) an Johann Friedrich Schlipp in Worms monatlich | 11 | fl. | 40 kr. |
| b) an Dr. Bernhard Schröder daselbst monatlich | 6 | „ | 29 „ |
| c) an die Sparkasse daselbst monatlich | 15 | „ | — „ |
| zusammen von | 33 | fl. | 9 kr. |

monatlich, soweit ihn der Revisionskläger nicht bereits in Gemäßheit des Urtheils vom 9. Juli 1868 ausbezahlt erhalten hat, herauszuzahlen;

verurtheilt den Revisionskläger, die Hauptsumme von 165 fl. vom 2. April 1868 an mit 5 pCt. zu verzinsen und zum Ersatz der Kosten der Arrestacte;

verurtheilt den Cassationsbeklagten in die Kosten der Cassations-Instanz; — verordnet, daß aus den Kosten der cassirten, sowie der Revisions-Instanz, mit Ausnahme obiger Arrestacte, eine Masse gebildet werden soll, und setzt davon dem Revisen vier Fünftel, dem Revidenten ein Fünftel zur Last, und verordnet die Ausscheidung der Kosten des Revisionsklägers zu Gunsten des Anwalts Daudistel, unter der Auflage der Affirmation; welche dieser sofort bethätigte.

Darmstadt, 5. Juli 1869. Präs.: Benner.

Ref.: Dr. Röder. Staatsbeh.: Obergerichtsrath Freiherr v. Jungenfeld.

Anwälte: Cass.-Kl. Daudistel — Cass.-Bekl. Dr. Matty.

---

**Irrige juristische Qualification eines feststehenden von den Partheien nicht bestrittenen und nicht bestreitbaren Thatbestandes im Gegensatz zu einem förmlichen factischen Geständnisse. — Den Richter nicht bindende Kraft eines Interlocuts. — Freiheit des Richters in der juristischen Qualification eines factisch feststehenden Thatbestands gegensätzlich der verbotenen Klageänderung von Amtswegen. — Nicht begehrte Zinsen von Zinsen.**

1) Steht der eigentliche Thatbestand, die factische Grundlage eines Rechtsverhältnisses unbestritten und unbestreitbarer Weise unter den Partheien fest, zieht auch der Kläger in seinem Klageanspruch die daraus fließenden Folgen, unterlegt demselben aber eine irrige juristische Qualification; so kann der Richter ohne Gewaltüberschreitung und Actendenaturirung in einem solchen Rechtsirrthum ein bindendes fac-

tisches Geständniß nicht finden und dasselbe als solches seinem Urtheil unterlegen.

2) Eine Entscheidung, die das Gericht als ein interlocutorisches Urtheil qualificirt, bindet den Richter nicht, er kann insoweit im Endurtheil das Resultat der von ihm angeordneten Instructionshandlung als irrelevant bei Seite liegen lassen und einer besseren Ueberzeugung nachgeben.

3) Ebenso steht es dem Richter frei, ohne daß hierin eine von amtswegen vorgenommene unzulässige Klageänderung erkannt werden kann, dem feststehenden Thatbestand die ihm richtig scheinende juristische Qualification zu geben, und seinem Urtheil zu Grunde legen.

**Umber c. Linn.**

---

Die factischen und processualischen Verhältnisse der rubricirten Sache ergeben sich aus folgendem

## Cassationshofs-Urtheil:

In Erw. bei der rechtlichen Beurtheilung des vorliegenden Cassations-Recurses davon ausgegangen werden muß, daß der zwischen den Parthieen unterm 14. Februar 1860 abgeschlossene Commandit-Gesellschafts-Vertrag durch Urtheil des Großherzoglichen Handelsgerichts in Mainz vom 21. März 1866 Mangels der im Art. 42 des c. de com. vorgeschriebenen Publication nichtig erklärt und die Klage auf Auflösung der Commandit-Gesellschaft wegen Nichterfüllung der Bedingungen und Rückerstattung der geleisteten Einlage von 35,000 fl. und der vertragsmäßig stipulirten Zinsen und Gewinnantheile als unstatthaft abgewiesen worden ist,

daß dieses Urtheil in allen Instanzen seine Bestätigung gefunden hat, daß Umber hierauf unterm 2. September 1867 eine neue Klage erhob, welche den Gegenstand des heutigen Recurses bildet, worin er ponirte: der Vertrag vom 14. Februar 1860 sei auf die Einrede des Beklagten nichtig erklärt worden;

außerdem sei derselbe abgelaufen und aus beiden Gründen die Klage auf Auseinandersetzung der durch denselben ins Leben getretenen factischen Gemeinschaft, Rückerstattung des empfangenen Einschusses von 35,000 fl. und der vertragsmäßigen Zinsen und Dividenden gerechtfertigt, eventuell sei aber Beklagter, falls der Artikel 1855 des bürgerlichen Gesetzbuchs auf den Vertrag anwendbar sei, jedenfalls zur Rückerstattung des Einschusses mit gesetzlichen Zinsen verpflichtet,

daß dem entsprechend Kläger in der Ladung principaliter auf Rückerstattung des Capitals mit den vertragsmäßig zugesicherten Zinsen und Dividenden, subsidiarisch mit gesetzlichen Zinsen concludirte —

daß das Handelsgericht darauf hin, durch sein Endurtheil vom 11. Mai 1868 den Beklagten Linn verurtheilte, die aus einem baaren Darlehn und Zinsen bis 26. September 1867 betragende Hauptsumme von 44,113 fl. 52 kr. nebst Zinsen zu 6 pCt. vom Tage der Klage und Kosten zu bezahlen, daß auf die Appellation des Linn Gr. Obergericht durch Urtheil vom 29. October und 3. December 1868 „dieselbe in ihren drei „ersten Beschwerden begründet erklärte, dem Gutachten des Ex„perten Bömper, welcher in einem dem Handelsgericht erstatteten „Bericht die Schuld des Linn auf obige 44,113 fl. 52 kr. be„rechnet hatte, die gerichtliche Bestätigung versagte, und den von „dem Appellanten und Incident-Appellanten Umber in dieser „Instanz gestellten Antrag auf Condemnation des Linn auf „Rückzahlung der ihm baar überlieferten Summe von 35,000 „Gulden und bis zum Klagetag liquidirten Zinsen mit 9113 „Gulden 52 kr. nebst weiteren Zinsen zu 6 pCt. der ganzen „Summe als dermalen der Begründung entbehrend verwarf und „den Handelsmann Franz Bernhard Gramlich als arbitre ex„pert ernannte, um ein Gutachten zu erstatten über die Aus„einandersetzung der zwischen den Parthieen vom 14. Febr. 1860 „bis 2. Sept. 1867 der Art bestandenen factischen Handels„communion, daß Appellat Umber in das Handelsgeschäft des „Appellanten Linn 35,000 fl. einschoß, die während dieser „Zeit in demselben auf Gewinn und Verlust en„gagirt waren, sowie auch darüber, in welchem Verhältniß „mit Rücksicht auf die beiderseitig gemachten Einlagen die Ein-

„lage des Umber in Gewinn und Verlust gerathen sei, um dem„nächst über die hierüber zwischen den Parthieen etwa sich er„gebende Contestation definitiv was Rechtens entschieden zu „werden."

In Erw. der Cassationskläger sein erstes Mittel gegen diese Entscheidung folgender Maßen artikulirt:

Verletzung und unrichtige Anwendung des Begriffs der res judicata, Verletzung der Bestimmungen über die präparatorischen und definitiven Urtheile, actenwidrige Unterstellung und excès de pouvoir. Unrichtige Anwendung des Art. 42 des c. de com. eventuell der Bestimmungen des deutschen Handelsgesetzbuch über Publication der Verträge. Unrichtige Anwendung des Art. 1855 c. c. Willkürliche Supplirung nicht bestehender Vertragsberedungen an die Stelle der bestehenden und ausgeführten, also Verletzung der Grundsätze über Verträge, des Art. 1134 des bürgerlichen Gesetzbuchs, Verletzung der Lehre über Commandit-Gesellschaften bezüglich der Rechte des Commanditisten, Verletzung der Verhandlungsmaxime durch Supplirung nicht vorgebrachter Einrede. Unrichtige Würdigung der Eventual-Incidentberufung des Klägers, unbeschadet der im Texte angedeuteten Mittel.

In Erw. der Cassationsbeklagte den Recurs darum als unzulässig bestreitet, weil die Annahme des Obergerichts, daß eine factische Handelsgemeinschaft mit einer Betheiligung an dem Gewinn und Verlust nach Verhältniß der beiderseitigen Einlagen zwischen den Parthieen bestehe, auf einer thatsächlichen Würdigung des Inhalts der Ladung und der späteren Proceßhandlungen des Cassationsklägers beruhe, daß diese Einrede mit der Behauptung des Cassationsklägers, daß das Obergericht sich durch die der Ladung gegebene Deutung einer Gewaltsüberschreitung und actenwidrigen Unterstellung schuldig gemacht habe, in Verbindung steht, und daher mit der Hauptsache zu prüfen ist.

In Erw. in der Hauptsache der abgeschlossene Commandit-Gesellschafts-Vertrag dem Cassationskläger fünf Procent Zinsen und einen Geschäftsgewinn von fünf Procent garantirte, dagegen ihn von dem weiteren Gewinn, sowie von jedem Verlust ausschloß; —

daß durch die rechtskräftig feststehende Nichtigkeit des Vertrags die Parthieen die Eigenschaft als Gesellschafter verloren haben und Linn daher nach allgemeinen Rechtsgrundsätzen zur Rückerstattung des ihm überlassenen Einlage-Capitals verpflichtet ist, daß das Obergericht dagegen angenommen hat, daß das Einlage-Capital des Cassationsklägers trotzdem von dem Tage des abgeschlossenen Vertrags bis zur Klage (2. Sept. 1867) im Verhältniß zu jenem des Beklagten an dem Gewinn und Verlust des Geschäfts betheiligt gewesen sei, und zur Rechtfertigung dieser Entscheidung zwei Gründe geltend macht:

1) der Cassationskläger habe in dem Kündigungsacte vom 28. Dec. 1865 und in der Ladung vom 2. Sept. 1867 von einer factischen Gemeinschaft unter den Parthieen gesprochen und die Ernennung eines Liquidators zu deren Auseinandersetzung beantragt, hiermit habe er trotz der ausgesprochenen Nichtigkeit des Vertrags vom 14. Februar 1860 zugegeben, oder vielmehr selbst angenommen, daß eine Gesellschaft auf Gewinn und Verlust nach Verhältniß der beiderseitigen Einlagen zwischen ihm und Linn bestehe. —

2) Das Handelsgericht habe in den seinem Endurtheil vorausgehenden Urtheilen vom 5. Sept. 1867 und 24. Oct. 1867 eine Betheiligung des Einlage-Capitals von Umber an Gewinn und Verlust in Folge der bestandenen Gemeinschaft bereits ausgesprochen, und sei demnach nicht berechtigt gewesen, „gegen die Rechtskraft seiner eigenen Urtheile“ in dem Endurtheil vom 11. Mai 1868 davon abzugehen und anders zu entscheiden. —

In Erw. ad 1. das Obergericht übersieht, daß der Cassationskläger die unverkürzte Rückerstattung seines Einschusses und zwar principaliter — freilich irriger Weise, — mit den ihm vertragsmäßig zugesicherten Zinsen und Dividenden, eventuell mit gesetzlichen Zinsen verlangte, und bei der Verhandlung vor dem Schiedsrichter, den Sachverständigen und bei allen späteren Verhandlungen sich sogar ausschließlich auf letzteren Antrag beschränkte, daß diese unbedingte Rückforderung des ursprünglichen vollen Einschusses eine Betheiligung an dem Gewinn und Verlust des Geschäftes ausschließt und die Unterstellung eines Zugeständnisses in dieser Richtung, wie der Cassationskläger mit Recht behauptet, eine offenbar actenwidrige ist und eine Denaturirung seines Klageantrags enthält.

In Erw. ad 2. das Urtheil des Handelsgerichts vom 5. September 1867 dem ernannten Sachverständigen aufgab, einen Vergleich zwischen den Parthieen zu versuchen, und, falls dies nicht gelänge, ein Gutachten über den Streitgegenstand abzugeben, „um auf Beibringung desselben weiter zu ergehen was Rechtens“ — aus dieser Anordnung aber klar hervorgeht, daß das Gericht in der Sache selbst, vorerst nichts entscheiden wollte und nichts entschieden hat; —

daß es zudem bei der damaligen Verhandlung gar nicht in der Lage war, über der Frage, ob das Capital des Cassationsklägers an dem Gewinn und Verlust des Geschäfts betheiligt sei, eine Entscheidung zu treffen, da der Cassationsbeklagte ausweislich des Urtheils einen desfallsigen Antrag damals gar nicht gestellt hatte.

In Erw. das Urtheil vom 24. October 1867 in dem decisiven Theile sich die Worte bedient, „hat das Handelsgericht, ehe es definitiv zu Recht erkannt" und darauf dem Sachverständigen Bömper aufgab, sich gutachtlich darüber zu äußern, in welchem Verhältniß das Capital von 35,000 Gulden in Folge der Thatsache, daß dasselbe in dem Geschäft des Beklagten auf Gewinn und Verlust engagirt war, bis zum Tage der Klage in Gewinn und Verlust gerathen sei,

daß die Motive zu diesem Urtheil nur die Möglichkeit unterstellen, „daß bei Entscheidung des Rechtsstreites auch dieser von dem Cassationsbeklagten gestellte Antrag in Betracht zu ziehen sein dürfte," daß hierauf das Handelsgericht conform mit dem Gutachten des Sachverständigen in seinem Endurtheil vom 11. Mai 1868 den Cassationskläger nicht verpflichtet erklärte, an dem Verlust Theil zu nehmen, woraus klar hervorgeht, daß es sein früheres Urtheil vom 24. October nur als ein präparatorisches auffaßte, das vor Entscheidung über die Frage selbst das Gutachten des Sachverständigen einholen wollte,

daß hiernach das Obergericht weder auf den Grund einer in diesen Urtheilen liegenden rechtskräftigen Entscheidung, noch auf ein in der Ladung liegendes angebliches Zugeständniß an die Stelle des nichtig erklärten Gesellschaftsvertrags einen andern von den Parthieen nicht beabsichtigten Vertrag setzen konnte, und seine desfallsige Entscheidung unter Verwerfung der vorgeschützten Unzulässigkeitseinrede theils wegen actenwidriger Unterstellung, Gewaltsüberschreitung und Denaturirung der Klage, theils wegen Verletzung der Grundsätze über die res judicata und die Bestimmungen über die Wirkung der präparatorischen und definitiven Urtheile der Cassation unterliegt, ohne daß es nöthig wäre, auf eine Prüfung des zweiten eventuellen Mittels einzugehen.

In Erw. in revisorio heute zu entscheiden ist:

1) Ueber den Appell des Linn gegen das Urtheil des Handelsgerichts vom 11. Mai 1868.

2) Ueber den eventuellen Incidentappell des Umber gegen dasselbe Urtheil.

3) Ueber den eventuellen Hauptappell des Letzteren gegen das Urtheil vom 24. October 1867. —

Daß die beiden Hauptappellationen sub 1. und 3. zur gemeinsamen Verhandlung zu verbinden sind,

daß der Revise Linn in dem Anwaltsact vom 21. October 1868 folgende Beschwerden aufstellt:

1) Mit Unrecht hat der erste Richter die Klage geändert, d. h. aus einem Grunde aus dem nicht geklagt war, den Beklagten zur Zahlung der angegebenen Beträge verurtheilt,

2) der erste Richter konnte dieß um so weniger thun, als er in seinem Urtheil vom 24. October 1867 die Thatsache, daß die 35,000 fl. auf Gewinn und Verlust in dem Geschäfte von Linn engagirt waren, als constant annahm, und als er auf diese von ihm anerkannte Thatsache sein späteres Urtheil basiren mußte. —

3) Eventuell hat der erste Richter, abgesehen von den beiden ersten Beschwerden, den Umber mit Unrecht als Gläubiger des Linn behandelt.

4) Jedenfalls wurde Appellant mit Unrecht zur Zahlung der in dem Bömperischen Gutachten liquidirten Zinses-Zinsen verurtheilt.

5) Mit Unrecht wurde Appellant zu den Kosten verurtheilt.

In Erw. ad 1. der Revise diese Beschwerde damit zu rechtfertigen sucht, daß der Kläger seine Klage auf Zahlung der 35,000 fl. principaliter auf die bestehende Gemeinschaft, eventuell auf die Thatsache des Empfangs dieser Summe aus den Händen des Umber gestützt habe, während das Urtheil a quo die eingeklagte Forderung als auf einem Darlehn beruhend zugesprochen habe; daß jedoch in diesem Verfahren des ersten Richters nicht, wie der Revise behauptet, eine unzuläſſige Klageänderung, sondern nur eine irrige Qualification des streitigen Rechtsverhältnisses liegt,

daß die Condemnation selbst, so weit sie die Hauptsumme betrifft, wie zur dritten Beschwerde nachgewiesen werden wird, eine begründete ist, daher nur mittelst Emendation des erstrichterlichen Urtheils die Qualification zu ändern ist,

daß hiermit zugleich der eventuelle Incidentappell des Revisionsklägers, der die richtige Qualification des Rechtsverhältnisses bezweckt, seine Erledigung findet.

In Erw. ad 2. in dem Cassatorium bereits ausgeführt wurde, daß das Urtheil vom 24. October 1867 einen rein präparatorischen Character hatte, welches, ehe es über die Frage der Heranziehung des Capitals von Umber zu dem Geschäftsverlust entschied, das Gutachten des Sachverständigen hören wollte, daher auch diese Beschwerde zu verwerfen ist,

daß in Folge dessen auf den Hauptappell des Umber gegen dieses Urtheil nicht einzugehen ist.

In Erw. ad 3. eineстheils rechtskräftig feststeht, daß der abgeschlossene Commanditvertrag nichtig ist, anderntheils aber in facto feststeht, daß Linn einen Einschuß von 35,000 fl. in sein Geschäft von Umber erhalten hat, daher allerdings das Verhältniß von Gläubiger und Schuldner zwischen den Parthieen besteht, und Linn zur Zurückgabe der empfangenen 35,000 fl. verpflichtet ist,

daß hieran auch der von dem Revisen hervorgehobene Umstand nichts zu ändern vermag, daß er den Revisionskläger als Commanditisten angesehen, und Letzterer dieß gewußt habe, da die im gesetzlichen Termin nicht publicirte Gesellschaft als solche nie bestanden hat, und weder durch Execution noch Ratification sanirt werden kann.

In Erw. ad 4. der Revise seine ursprüngliche Appellbeschwerde heute dahin erweitert, daß er die Zinsen für das Capital von 35,000 fl. in Folge der Nichtigkeit des Vertrags erst vom Tage der Klage zu bezahlen habe, und daß demnach die von ihm auf die stipulirten Zinsen und Dividenden geleisteten Zahlungen an dem Capital abgingen.

In Erw. jedoch wenn auch der Vertrag aus formellen Gründen nichtig erklärt wurde, der Richter bei Regulirung der durch denselben ins Leben gerufenen anormalen Verhältnisse die Intention der Parthieen, wie sie sich in demselben manifestirt, in Betracht ziehen muß; diese aber offenbar dahin ging, daß der Revisionskläger für die Ueberlassung des Capitals in dem Geschäfte des Revisen in der Verzinsung desselben die entsprechende Gegenleistung finden sollte, dieser Theil der Beschwerde daher nicht gerechtfertigt ist. —

In Erw. die Berechnung der Zinses-Zinsen bei vierteljährlichem Abschluß betreffend, der Revisionskläger, bei der ersten Verhandlung vor dem Sachverständigen erklärt hattte, seine Forderung bezüglich der Zinsen auf den gesetzlichen Zinsfuß von 6 pCt. beschränken zu wollen, der vordere Richter daher nicht berechtigt war, Zinsen von Zinsen mit vierteljährlichem Abschluß in Rechnung zu bringen,

daß demnach insoweit die Beschwerde begründet erscheint und die handelsgerichtliche Condemnation von 44,113 fl. 52 kr.

welche nebst dem Capital die Zinses-Zinsen enthält, aufzuheben und dieselbe auf ersteres und die gesetzlichen Zinsen vom Tage des Einschusses zu beschränken, dagegen dem Revisen zu gestatten ist, die auf die stipulirten Zinsen und Dividenden geleisteten Zahlungen nach den gesetzlichen Imputationsregeln an seiner Schuld in Abzug zu bringen.

In Erw. ad 5. das Handelsgericht mit Recht den Revisen in die Kosten verurtheilte, da er sachfällig erklärt worden.

In Erw. die Kosten der Cassations-Instanz dem unterliegenden Cassationsbeklagten zu belassen, jene der cassirten und Revisions-Instanz sachgemäß zu vertheilen sind.

Aus diesen Gründen

cassirt Großh. Oberappellations- und Cassationsgericht, als Cassationshof erkennend, unter Verwerfung der vorgeschützten Unzulässigkeitseinrede, das Urtheil des Großh. Obergerichts in Mainz vom 29. October und 5. December 1868, um ohne Wirkung zu bleiben, und verordnet die Rückgabe der hinterlegten Succumbenzgelder.

In revisorio Recht sprechend, verbindet das Gericht den Hauptappell des Linn gegen das Urtheil des Handelsgerichts in Mainz vom 11. Mai 1868 mit dem eventuellen Hauptappell des Umber gegen das Urtheil dieses Gerichts vom 24. October 1867 zur gemeinsamen Verhandlung; verwirft die zweite, dritte und fünfte Appellbeschwerde des Revisen Linn gegen das Urtheil vom 11. Mai 1868 als unbegründet, erklärt den eventuellen Hauptappell des Umber gegen das Urtheil vom 24. Oct. 1867 durch die Entscheidung über die zweite Beschwerde des Linn für erledigt, hebt in Erkenntniß auf die erste und vierte Appellbeschwerde desselben und den mit der ersten Appellbeschwerde in Verbindung stehenden eventuellen Incidentappell des Umber, das Urtheil des Handelsgerichts in Mainz vom 11. Mai 1868 insoweit auf, als es den Revisen Linn zur Zahlung der aus einem baaren Darlehn und Zinsen bis 2. September 1867 schuldigen Hauptsumme von 44,113 fl. 52 kr. sammt Zinsen zu 6 pCt. vom 2. September 1867 unter körperlicher Haft verurtheilte; in dieser Beziehung von Neuem erkennend, verurtheilt das Gericht den Revisen Linn zur Zurückzahlung der ihm baar überlieferten Summe von 35,000 fl. nebst Zinsen zu 6 pCt. vom Tage des Empfangs (14. Febr. 1860), gestattet ihm jedoch, die von ihm auf die stipulirten Zinsen und Dividenden geleisteteten Zahlungen in gesetzlicher Weise in Abzug zu bringen. —

Verurtheilt den Cassationsbeklagten in die Kosten der Cassations-Instanz; verordnet, daß aus den Kosten der Revisions-Instanz und der cassirten Instanz eine Masse gebildet werden soll, und setzt hiervon dem Revisen Linn drei Viertel, dem Revisionskläger Umber ein Viertel zur Last, verordnet die Rückgabe der von dem Revisionskläger Umber unterm 7. October 1868 hinterlegten Geldbuße, insoweit dieß nicht bereits geschehen sein sollte, und erklärt die von demselben am 26. October 1868 hinterlegte Geldbuße für verfallen, verordnet endlich die Distraction der Kosten zu Gunsten des Anwalts Fitting unter der Auflage der Affirmation.

Darmstadt, 12. Juli 1869. Präs.: Benner.

Ref.: Dr. Röder. Staatsbeh.: General-Staats-Procurator-Substitut Dr. Friedrich.

Anwälte: Cass.-Kläger Dr. Görz — Cass.-Bekl. Dr. Fitting.

---

## Contestation eines Theilungsstatus, Anwaltsact — Zeugenbeweis. — Act. neg. gest. — Beweisthema des Klägers. — Kenntniß der Geschäftsführung durch den Geschäftsherrn.

1) Keine gesetzliche Bestimmung versagt den Partheien in einem Theilungsverfahren, den Status auch noch in der Sitzung, wo über die Contestationen entschieden werden soll, früh-

nicht vorgebrachte Contestationen durch Anwaltsact vorzubringen und geeigneten Falles durch Zeugen zu beweisen.

2) Es ist zum Beweise der neg. gest. nicht erfordert, daß der Kläger den Beweis der Negative übernehme, daß er einseitig und ohne Vollmacht gehandelt habe.

3) Ob die Kenntniß, die der Geschäftsherr von der fremden Führung hat und die er duldet die Sache unter den Begriff des stillschweigenden Mandats bringt, ist eine quest. facti, die der Richter nach den Umständen zu entscheiden hat.

4) Es ist zur Annahme einer neg. gest. in diesem Falle nicht nothwendig, daß der Geschäftsherr sich in der Unmöglichkeit befunden habe, das Geschäft selbst zu besorgen.

**Wittwe von Adam Krämer X. c. Wittwe von Jacob Krämer III.**

---

Zwischen der Wittwe von Adam Krämer X. lebend, Gutsbesitzer in Essenheim, und dessen Mutter, Wittwe von Jacob Krämer III. daselbst, jene heutige Cassationsklägerin, diese Cassationsbeklagte entspann sich am Bezirksgerichte zu Mainz ein Rechtsstreit über die Nachlassenschaft dieses Adam Krämer X., und im Laufe der Contestationsinstanz, als die Sache wieder vom committirt gewesenen Notar an das Gericht gelangt war, erhob die Mutter mittelst Anwaltsact gegen ihre Schwiegertochter eine dahin gerichtete Prätention: Schon seit dem Jahre 1860 habe sie die Crescentien von ihren Vorbehaltsäckern nicht mehr selbst eingethan, der de cujus ihr Sohn habe solche in Scheuer und Stallung verbracht und den Preis allein vereinnahmt, den Werth dieser Crescentien veranschlage sie auf jährlich 600 fl., mithin im Ganzen auf 4800 fl., dieser Betrag müßte ihr als Activposten im Status gutgeschrieben und der

Contestatin pro rata hereditaria zur Last gesetzt werden. Auf Grund der über diesen Anspruch gepflogenen Verhandlungen ließ das Gr. Bezirksgericht die Contestatin zum Beweise selbst durch Zeugen dahin zu: „daß sie bis zum Tode ihres Sohnes (des genannten Adam Krämer X.) eine gemeinschaftliche Haushaltung mit demselben geführt, und daß derselbe seit dem Jahre 1860 bis zum Jahre 1866 die gesammte Crescenz der Mutter auf ihren Vorbehaltsgütern eingethan.

Die gegen diese Entscheidung von der Contestatin erhobene Berufung wurde durch Urtheil des Gr. Obergerichts und durch Entscheidung dieses Gerichts vom 6/25. Februar 1869 verworfen.

Gegen diese Entscheidung verfolgte heute die Wittwe von Johann Krämer X. gegen ihre Schwiegermutter den Cassationsrecurs, den sie auf eine Mißdeutung und Verletzung, jedenfalls üble Anwendung der Art. 1341, 1346, 1348, 1371, 1372, 1859, 1984 und 1985 c. c. und Gewaltsüberschreitung stützte. Nach stattgehabter Verhandlung der Sache erließ Gr. oberste Gerichts-Sitzung folgendes

## Cassationshofs-Urtheil:

In Erw. die Cassationsklägerin zur näheren Begründung ihres Cassationsrecurses vorbringt:

1) die Cassationsbeklagte haben weder bei Abgabe ihrer ursprünglichen Contestation in dem Protocolle vor Notar Keller vom 25. März 1868, noch in den Anwaltsacten vom 19. Mai und 28. Mai 1868, worin sie nachträgliche Contestationen erhob, die hier zur Sprache kommende Contestation geltend gemacht, sondern sie erst durch einen weiteren Anwaltsact vom 8. Juni 1868 vorgebracht; schon um deßwillen habe ohne Verletzung des Art. 1346 c. c. der Zeugenbeweis nicht zugelassen werden dürfen, da hiernach nur dann die Cassationsbeklagte für ihre nachträgliche Forderung Gehör finden könne, wenn sie dieselbe durch Urkunden zu erweisen vermöge.

2) Es liege keiner der Ausnahmsfälle des Art. 1348 c. c. vor, indem eine negotiorum gestio nicht blos dann vorhanden sei, wenn Jemand die Geschäfte eines Andern besorge, sondern wenn er dies einseitig ohne Auftrag

gethan habe; dieses Erforderniß müsse also nothwendig mit festgestellt werden; jedenfalls aber enthalte die Annahme, daß hier eine mit Wissen der Cassationsbeklagten stattgefundene negotiorum gestio und kein stillschweigendes Mandat vorliege, eine Gewaltsüberschreitung und Verletzung der einschläglichen gesetzlichen Bestimmungen.

In Erw. ad 1. der Vordersatz, daß die nachträglich erhobene Contestation nur dann zulässig sei, wenn dieselbe durch Urkunden erwiesen werden könne, ein unrichtiger ist; aus demselben daher auch kein Argument gegen die Zulässigkeit des Zeugenbeweises entnommen werden kann.

ad 2. der Art. 1348 c. c. als Ausnahme von der allgemeinen Regel des Urkundenbeweises bei Forderungen über 150 Frcs. den Fall bezeichnet, wenn es dem Gläubiger unmöglich war, sich einen schriftlichen Beweis der gegen ihn übernommenen Verbindlichkeit zu verschaffen, und als hierher gehörig die Verbindlichkeiten aus Quasi-Contracten, Delikten und Quasidelikten aufführt, daß die Cassationsklägerin selbst zugibt, daß das Wesen der negotiorum gestio in der einseitigen, freiwilligen Führung fremder Geschäfte ohne Auftrag besteht,

daß hieraus einestheils folgt, daß sie durch Zeugen bewiesen werden kann, da über die einseitigen Handlungen eines Dritten die Klägerin sich keine Urkunden verschaffen konnte, und daß es andererseits genügt, wenn sie diese einseitigen Handlungen beweist, da diese allein den Rechtsgrund ihrer Ansprüche bilden,

daß die Frage, ob im gegebenen Falle ein stillschweigendes Mandat oder nur eine negotiorum gestio vorliege, nach den obwaltenden Umständen des einzelnen Falles von den Gerichten zu würdigen und zu entscheiden ist, und Großh. Obergericht keine Gewaltsüberschreitung beging, indem es letztere als vorhanden annahm,

daß ebensowenig eine Gesetzesverletzung in dieser Annahme liegt, da nach Art. 1372 eine negotiorum gestio ebensowohl vorhanden ist wenn der Geschäftsherr die Geschäftsführung kannte, als wenn er sie nicht kannte, und die Behauptung der Cassationsklägerin, daß die mit Kenntniß des Geschäftsherrn vorgenommene negotiorum gestio auf den Fall beschränkt werden müsse, wo dieser selbst zu handeln außer Stande sei, eine willkührliche, im Gesetze nicht begründete ist,

daß hiernach das Cassationsgesuch nach allen Richtungen als verwerflich erscheint.

Aus diesen Gründen

verwirft Gr. Oberappell.= und Cass.=Gericht, als Cass.=Hof erkennend, den Cassationsrecurs theils als unzulässig, theils als unbegründet, erklärt die hinterlegten Succumbenzgelder für verfallen und verurtheilt die Cass.=Klägerin in die Kosten.

Darmstadt, den 18. Oct 1869. Präs.: Benner.

Refer.: Dr. Röder. Staatsbeh.: Obergerichtsrath Freiherr v. Jungenfeld.

Anwalt: Krämer.

---

## Appell — Cedent — Cessionar.

**Die Berufung des Cedenten eines Mobiliarkaufpreises gegen das Urtheil, welches einem pfändenden Gläubiger gegenüber den Verkaufsact als simulirt und fraudulos nichtig erklärt, daher die Pfändung für gut und wirksam erklärt, hält das Appellationsrecht für den Cessionar dieses Kaufpreises nicht offen, der die Gültigkeit der Pfändung aus eigenem Rechte angreift; als accessorischer Intervenient ist sein selbstständiger Appell objectlos.**

Christian Hammes c. Maas u. Cons.

Durch Akt errichtet vor Notar Simon zu Alzey vom 15. Januar 1867 verkauften Jakob Hammes, Vater, Glaser in Odernheim und seine Ehefrau, heutige Mitcassationsbeklagte, ihrem minderjährigen Sohne Jacob Hammes, ebenfalls heutiger Mit-Cassationsbeklagter, ihr sämmtliches Mobiliarvermögen durch alle Rubriken, und cedirten einen Theil des Kaufpreises ihrem Bruder und Schwager, heutigem Cassationskläger Christian Hammes, und bekennen den Cessionspreis empfangen zu haben; der cedirte Schuldner acceptirte den Uebertrag und verband sich dem Cessionar Zahlung zu leisten.

Abraham Maas, Handelsmann in Odernheim, Gläubiger von Jacob Hammes Vater, verhängte indessen eine Mobilienpfändung auf die im Hause des Verkäufers verbliebenen verkauften Mobilien, und als Jacob Hammes Sohn seiner Seits auf Grund des erwähnten Kaufactes eine Vindicationsklage erhoben hatte, behauptend die Pfändung sei super non domino gemacht, excipirte Maas mit der auf dem Weg der Incidentklage erhobenen Einrede, daß der Verkaufsact simulirt und in fraudem creditorum gemacht sei und nichtig erklärt werden müsse. Das Gr. Bezirksgericht zu Alzey verordnete vorerst die Adcitation des heutigen Cassationsklägers Christian Hammes, damit mit diesem contradictorisch über den anhängigen Rechtsstreit erkannt werde. Die Adcitation wurde auch vollzogen, der Adcitat nahm aber folgende Stellung im Processe ein. Er überließ es der Weisheit des Gerichts, inwiefern es dem Vater Hammes gelingen sollte, die Aufrichtigkeit des Verkaufs an seinen Sohn nachzuweisen; ihm gegenüber behauptete er, könne der Cassationsbeklagte seine Intention nur dann erreichen, wenn ihm nachgewiesen würde, daß er fraudis particeps sei, dieß negire er, verlange hierüber Beweis und erbot sich zum Gegenbeweise. Es hatte auch in beiden Beziehungen ein Beweisverfahren am Bezirksgericht statt, durch dessen Urtheil vom 3. und 4. Juli 1868 der in Rede stehende Verkaufsact sowohl gegen Jacob Hammes Sohn als gegen Christian Hammes als erwiesener Maßen particeps fraudis als simulirt und fraudulos für nichtig erklärt und die Pfändung aufrecht erhalten wurde.

Jacob Hammes Sohn ergriff nunmehr seiner Seits in nützlicher Frist Berufung gegen das Urtheil erster Instanz gegen seinen Vater und seinen Onkel Christian Hammes. Dieser ergriff die Hauptappellation gegen Maas erst nach Ablauf der gesetzlichen Frist, und verband in seinem Gravatoriallibell eine Incidentberufung gegen seinen Cedenten; in den insinuirten Anträgen sowohl als in der Sitzung, in welcher die Sache zum

Vortrag kam stellte er, seinem schon in erster Instanz eingehaltenen System zufolge, seine Anträge dahin, daß er die Entscheidung über die Appellation von Hammes Sohn der Weisheit des Gerichts überlasse, jedoch eine Reformation bezüglich seiner Stellung zum Processe in eigenem Rechte begehrte; die Zulässigkeit des selbstständigen Appells wurde jedoch wegen Verspätung, jenes des Incidentappells aber als objectlos bestritten. Diesen Anträgen conform gab auch Gr. Obergericht durch Urtheil vom 25. Februar dieses Jahres seine Entscheidung.

Gegen dieselbe ergriff Christian Hammes den Cass.-Recurs und Beschwerde über eine Verletzung der Art. 443, 466 und 674 c. de proc. civ. und einer Reihe von Artikeln des Civilcodex. Dieser Recurs wurde jedoch abgewiesen.

## Cassationshofs-Urtheil:

In Erw. der Schwerpunct der Behauptungen des Cassationsklägers darin gefunden werden will, daß nach Art. 443 der bürgerlichen Proceßordnung zwar der Hauptappell binnen 3 Monaten nach erfolgter Urtheilsinsinuation eingelegt werden müsse; hier handele es sich aber von einer Appellation, die eine Parthie ergriffen habe, gegen welche bereits ein Hauptappell von Seiten der andern Parthie, nämlich des Jakob Hammes, bestehe, die den Zweck habe, den Vertrag vom 15. Jan. 1867 zwischen ihm und seinen Eltern aufrecht zu erhalten, bei dieser Aufrechthaltung habe er ein gleiches Interesse, wie auch der Appellant; durch die Appellation von Jakob Hammes gegen Maas sei daher ihm auch das Recht offen geblieben, seinerseits selbstständig gegen Maas zu appelliren.

In Erw. es jedoch in die Augen fällt, daß durch die Appellation, welche Jakob Hammes gegen ihn ergriffen hat, ihm formell das Recht erwachsen ist, seinerseits gegen diesen Appellanten incidenter in jedem Stand der Sache zu appelliren, wie er denn auch incidenter gegen diesen appellirte, ein Incidentappell, der aber materiell eines jeden Objects ermangelte, weil diese Parthieen gegen einander in erster Instanz durchaus keine Anträge genommen haben; daß aber in dem von ihm gegen Maas zur Hand genommenen Hauptappell er selbstständige Rechte gegen denselben aufrecht zu erhalten und die Aufrichtigkeit seiner Cession und der ihm gewordenen Quittung durchzuführen suchte zum Zwecke, um, wie auch die Entscheidung der Appellation von Jakob Hammes gegen Maas ausfallen möge, die Verfolgungen von Maas ihm gegenüber als unzulässig darzustellen, weil sie auf die eine oder andere Weise in seine Rechte eingriffen, die ganz unabhängig von jenen des Jakob Hammes seien, wie er denn auch selbst in seinen insinuirten sowohl, als in der Sitzung genommenen Anträgen ausdrücklich die Entscheidung über den Appell des Jakob Hammes der Weisheit des Gerichts überläßt; es daher nicht abzusehen ist, wie durch die Appellation von Jakob Hammes sein erloschen gewesenes Berufungsrecht wieder aufleben sollte.

In Erw. der Cassationskläger sich zwar auf eine an und für sich mitunter sehr contestable und in der That in der Doctrin contestirte Reihe von Fällen beruft, in welchen nach einer constanten Rechtsprechung die Appellation einer Proceßparthie der andern, die nicht appellirt und sogar acquiescirt hatte, profitiren solle: als im Falle, wo die Litisconsorten solidarisch verbunden waren, wo es sich um ein Proceß- oder Privatrecht handelte, das seinem inneren Wesen nach untheilbar ist, als um Peremption einer Instanz oder um eine Realservitut, z. E. eine Weggerechtigkeit, oder endlich, wo der Garant, nicht aber der Garantirte bezüglich der Hauptsache appellirte; daß aber eine Analogie von diesen Fällen auf den vorliegenden durchaus nicht eingreift, wo es sich unzweifelhaft von den selbstständigen eignen Rechten des Cassationsklägers handelt, deren Unabhängigkeit von den Rechten desjenigen der in tempore utili appellirt habenden Parthie von dem Cassationskläger so sehr anerkannt wurde, daß er, wie dieß die Proceßgeschichte nachgewiesen hat, die Entscheidung über dessen Appellation der Weisheit des Gerichts überließ. —

In Erw. der Cassationskläger endlich unter Bezugnahme auf die Vorschrift des Art. 466 der b. Pr. O. und 474 ibid. noch weiter hervorhebt, daß er jedenfalls qua Adcitat als accessorischer Intervenient am Rechtsstreit von Jakob Hammes gegen Maas Theil nehmen konnte und Theil nahm; daraus jedoch nur folgt, daß, wenn Jakob Hammes mit seinen Mitteln obsieglich gewesen wäre, dieß an ihn profitirt hätte; was aber nicht der Fall war; er dagegen übersieht, daß er durch seine Stellung im Processe für die von ihm beanspruchten Rechte die Rolle eines Hauptintervenenten übernommen hatte, daß er daher als solcher re ad huc integra nach Art. 466 zum erstenmal in der Appell-Instanz hätte interveniren können; er aber vorliegend seine Rechte durch seine rechtskräftige Niederlage in erster Instanz verloren hatte, die ihm durch die Appellation von Jakob Hammes nicht wieder eröffnet wurden.

In Erw. sonach der Cassationsrecurs als unbegründet zu verwerfen ist, was die Verurtheilung in die Kosten, sowie den Verlust der Succumbenzgelder nach sich zieht.

Aus diesen Gründen

verwirft Gr. Oberappell.- und Cass.-Gericht, als Cass.-Hof erkennend, den Cass.-Recurs als unbegründet, verurtheilt den Cass.-Kläger in die Kosten und erkärt die hinterlegten Succumbenzgelder für verfallen.

Darmstadt, 18. Oct. 1869. Präs.: Benner.

Ref.: Dernburg. Staatsbeh.: Obergerichtsrath Freiherr v. Jungenfeld.

Anwalt: Krämer.

---

## Eventuelle Eidesdelation, Acceptation und Ausschwörung.

**Erscheint der Deferent eines eventuell deferirten Eides in der Sitzung, in welcher der Delat denselben acceptirt, begehrt Act, daß er der Acceptation keinen Einwand entgegensetze, vielmehr gegenwärtig sei, um der Ausschwörung beizuwohnen und bleibt auch bei derselben gegenwärtig; so kann er mit keinem Rechtsmittel mehr gegen das Urtheil aufkommen,**

## welches den Ausgang des Rechtsstreites von der Ausleistung des Eides abhängig macht.

**Wittwe Zeiträger c. die Firma Kleemann u. Comp.**

---

Zwischen der heutigen Cassationsbeklagten Handlung Kleemann u. Co. zu Mainz und der Beklagten, heutigen Cassationsklägerin, der Wittwe von Franz Zeiträger daselbst, dieser im Leben Frachtfuhrmann, sie dasselbe Gewerb forttreibend entspann sich ein Rechtsstreit am Gr. Handelsgericht zu Mainz, in welchem die Handlung Kleemann u. Comp. gegen die Wittwe Zeiträger klagbar für eine Entschädigungssumme von 998 fl. wurde, für angeblich bei einem von dieser übernommenen Weintransport durch ihre Schuld in Schaden gekommene zwei Stücke Wein mit Fässern. Da die Beklagte das Klagefundament contestirte, so wurde der Klägerin der Beweis durch Zeugen aufgegeben, bei der über das Resultat der Beweisführung stattgehabten Verhandlung behauptete zwar die Beklagte in erster Linie, die Klägerin habe den aufhabenden Beweis nicht erbracht, deferirte aber eventuell einen Eid, über welchen sich zu erklären das Handelsgericht in seinem Urtheile vom 2. Juli 1869 der Klägerin Termin ansetzte, indem es den ihr aufgegebenen Beweis für erbracht erklärte. In dem zur Erklärung anberaumt gewesenen Termin vom 12. Juli acceptirte dieselbe den deferirten Eid in forma delata, und erklärte sich zur Ausschwörung bereit. Die Beklagte erschien in der Sitzung in Person und ihr Specialbevollmächtigter stellte für dieselbe den Antrag dahin, das Gericht wolle ihr Act geben, daß sie gegen die Acceptation des Eides keinen Einwand erhebe, vielmehr erscheine um der Eidesleistung, falls solche wirklich stattfinden sollte, beizuwohnen. Auf Grund dieser beiderseitigen Erklärungen verordnete das Gericht die Ausleistung des acceptirten Eides, bei welcher Ausleistung die Cassationsklägerin gegenwärtig blieb, worauf die beantragte Condemnation erfolgte.

Die Wittwe Zeiträger legte hierauf Appellation gegen die sämmtlichen in erster Instanz ergangenen Urtheile ein, die jedoch unzulässig erklärt wurde. Gegen dieses Urtheil ist nunmehr der Cassationsrecurs gerichtet, die Recurrentin beschwert sich über Verletzung der Art. 443, 451, 452, c. de proc. — Art. 639, 463, 644 c. de com. — Art. 1364, 2048, 2049 c. c.

Die Grundsätze über Verzichte, Verkennung der rechtlichen Natur und Wirkung der eventuellen Eidesdelation, des constitutiven Charakters der Acquiescenz, Denaturirung der Thatsachen, Gewaltüberschreitung und defaut des motifs.

Nach vorhergegangener Verhandlung erließ das oberste Gericht folgendes den Cassationsrecurs verwerfendes

## Cassationshofs-Urtheil:

In Erw. die Cassationsklägerin ihre Beschwerde dem Wesen nach damit zu rechtfertigen sucht, daß sie behauptet, das Obergericht selbst habe angenommen, daß, wenn bei der Ausschwörung eines vom Deferenten dem Delaten eventuell zugeschobenen Eides, der Deferent sich passiv verhalte, oder wenn er auch nur sich seine Rechte bezüglich der von ihm vorgebrachten Hauptmittel vorbehalte, derselbe gegen das frühere Urtheil, welches seine Hauptanträge gleichgültig ob stillschweigend und blos in den Motiven, oder ob wie hier sogar im Decisum abgewiesen hat, mittelst des ihm zugestandenen Rechtsmittels der Appellation oder geeigneten Falls der Cassation zurückkommen könne, weil in einem solchen Verfahren eine Acquiescenz nicht gefunden werden dürfe, im vorliegenden Falle habe es aber nichtsdestoweniger die von ihr zur Hand genommene Berufung für unzulässig erklärt, weil sie in Person bei der Eidesleistung erschienen sei, und sie nicht nur keinen Vorbehalt gemacht, sondern sogar den förmlichen Antrag dahin genommen habe, das Gericht wolle ihr Urkunde ertheilen, daß sie gegen die Acceptation des Eides keine Einwendung erhebe, vielmehr erscheine, um der Ausschwörung beizuwohnen; alle diese Umstände relevirten aber nichts; sie habe ihrer Seits das Verfahren nicht weiter betrieben, der Cassationsbeklagte sei seiner Seits zum weiteren Betrieb der Sache in der vom Gericht hierzu fixirten Sitzung erschienen und habe den Eid in forma delata angenommen, das hätte sie, wenn sie auch nicht erschienen wäre, nicht hindern können, ihr wäre es unbenommen geblieben, wenn der Eid etwa in einer andern als der deferirten Form acceptirt worden wäre, darüber zu verhandeln, ebenso bei der Ausschwörung durch ihre Vorstellungen das Gewissen des Delaten zu schärfen, dadurch habe sie die Passivität ihrer Proceßrolle nicht gefährdet, und ihr Recht auf ihre Hauptmittel auf dem Wege des Recurses zurückzukommen, nicht aufgegeben; nur der Gesichtspunkt des Verzichts könnte hier durchgreifen, Verzichte seien aber nicht zu vermuthen und müßten ausdrücklich sein; Vergleiche, und eine Art von Vergleich bilde die Eidesdelation, seien auch nach Art. 2048 u. 2049 c. c. strictissimae interpretationis; das Obegericht habe daher, indem es ihr die Appellation abgeschnitten hätte, sich alle die Beschwerden zu Schulden kommen lassen, die sie als Cassationsmittel vorgebracht hat.

In Erw. jedoch die Grundansicht, von welcher die Argumentation der Cassationsklägerin ausgeht, eine solche ist, welche dem Wesen und der Natur des decisorischen Eides widerspricht. Durch den decisorischen Eid soll, wie es schon seine gesetzliche Benennung andeutet, ein Streitpunkt zwischen den Partheien geschlichtet werden, er bildet nicht blos ein Beweismittel, sondern eine species transactionis mit der Eigenthümlichkeit, daß, wenn er von der einen Parthei in Vorschlag gebracht wird, die Gegenparthei denselben annehmen muß, sie muß entweder schwören und siegen, oder den Eid verweigern und sachfällig werden; der Deferent daher, der einen Eid eventuell deferirt, sohin auf keine Weise, will er sich seine Rechte der Appellation wahren, persönlich und selbstthätig in das Eidesverfahren eingreifen darf, am Wenigsten aber, wie vorliegend, die Cassationsklägerin gethan, die durch ihre Anträge den Eid gewissermaßen von Neuem deferirte.

f. Urtheil des obersten Gerichts vom 27. Mai 1849. Ullmann c. Gräckmann und Votum des G. St. Pr. Weber in Sachen Schott c. Gonsenheimer. Archiv merkwürdiger Rechtsfälle. Bd. III. S. 208—211.

Urtheil desselben Gerichts Volk c. seine Ehefrau vom 12. Sept. 1864.

Urtheil desselben Gerichts Fuchs c. Junker vom 24. Oktober 1864.

Urtheil desselben Gerichts in Sachen Kauth c. Schott vom 8. Juli 1867.

In Erw. den vorhergehenden Betrachtungen zufolge der Cassations-Recurs als unbegründet zu verwerfen und die Cassationsklägerin in die Kosten zu verurtheilen ist.

Aus diesen Gründen

verwirft Gr. Oberappellations- und Cassations-Gericht, als Cassationshof erkennend, den Cassations-Recurs als unbegründet und verurtheilt die Cassationsklägerin in die Kosten.

Darmstadt, 8. Nov. 1869. Präs.: Benner.

Ref.: Dernburg. Staatsbeh.: Obergerichtsrath Freiherr v. Jungenfeld.

Anwalt: Krämer.

---

**Nicht vorgebrachte Einrede, Cassationsrecurs. — Klage auf Vertragserfüllung, vorausgehende Sommation.**

1) Hat ein Urtheil eine Klage auf Grund einer vom Beklagten nicht vorgebrachten Einrede abgewiesen, so kann dasselbe nur durch den Cass.-Recurs angegriffen werden; die requête civile ist nicht zulässig.

2) Eine Klage auf Vertragserfüllung setzt zu ihrer Zulässigkeit nicht voraus, daß eine förmliche außergerichtliche Sommation zur Erfüllung vorausgegangen sei; zieht Jemand seinen Vertragscontrahenten ohne ihn auf irgend eine Weise vorher zur Erfüllung angehalten zu haben vor Gericht, so kann er unter Umständen das einzige Präjudiz erfahren, daß er die Kosten des frustatorischen Processes zu tragen hat, wenn der Beklagte alsbald dem Kläger gerecht wird.

Graf von Oberndorff c. Gr. Oberbaudirection u. Fink.

Auf dem Wege zwischen Guntersblum und Stockstadt begrenzt der Altrhein eine Staatswaldung von ungefähr 700 Morgen, daran stößt das Gelände von 146 Morgen, der vormals Metternichische Wald, wovon ungefähr 140 Morgen dem Cass.-Kläger, Herrn Grafen Alfred v. Oberndorff, Gutsbesitzer in Mannheim wohnhaft, und ungefähr 23 Morgen dem Mit-Cassationsbeklagten Gutsbesitzer Fink in Mainz gehören. Um den Ueberfluthungen des Altrheins vorzubeugen, kam unter dem 14. April 1824 zwischen den besagten vom Altrhein begrenzten Besitzern ein Vertrag zu Stande, wonach der Dammbau nach dem von dem Gr. Revierförster Neukirch gefertigten Plane und in Gemäßheit des unter demselben Tag abgehaltenen Versteigerungs-Protokolls an den Wenigstnehmenden gemeinschaftlich und nach Maßgabe der Fläche, welche beiderseitig eingeschlossen und geschätzt wird, ausgeführt werden soll, so daß der Staat fünf und die contrahirenden Privaten ein Sechstel beizutragen verbunden sind. Die Ausführung und Leitung des Baues hat der Staat zu übernehmen und die Mitcontrahirenden dann ihre Rate beizutragen, und so soll es auch bei später nothwendig werdenden Reparaturen gehalten werden.

Nachdem aber im Jahre 1862 und namentlich im Jahre 1867 Ueberfluthungen des Rheines eingetreten waren, welche bedeutenden Schaden an den Dämmen und Schleußen veranlaßten, dachte die Cassationsbeklagte Oberforst- und Domänen-Direction daran die nöthigen Reparaturen eintreten zu lassen, und es entspann sich bei dieser Gelegenheit eine vorläufige Correspondenz, die zu keinem die Partheien befriedigenden Resultate führte. Es begann daher der Cassationskläger den Rechtsstreit mit einer Sommation vom 29. Juni 1868, in welcher er an die außergerichtliche Correspondenz anknüpfend den beiden Cassationsbeklagten erklären ließ, daß er zwar auf der durchaus nöthigen erhöhten und verstärkten Wiederherstellung des Dammes bestanden, wogegen die Cassationsbeklagte Verwaltung schließlich sich sogar geweigert habe, in dem Dammverband zu verbleiben, er sei seiner Seits zur Tragung der Kosten des Baues der nöthigen Erhöhung und Verstärkung des Dammes bereit, und fordere die Verwaltung auf, binnen acht Tagen nach einem zu fertigenden Voranschlag die Leitung der Arbeiten zu übernehmen; den Cass.-Beklagten Fink aber, sich zu seinem vertragmäßigen Beitrage bereit zu erklären. Da diese Aufforderung ohne Erfolg blieb, ließ von Oberndorff den beiden andern Partheien den 21. Februar 1868 Ladung vor das Bezirksgericht zu Mainz geben, um über seine Petita erkennen zu hören, die primario dahin gingen, daß die Verwaltung verurtheilt werde, einen Plan zur Erhöhung und Verstärkung des Dammes und der Schleußen ausarbeiten zu lassen und deren Vollführung zu übernehmen, den Mit-Beklagten Fink aber seinen Beitrag zu den Kosten zu bezahlen, ebenso die beiden zu einem zu ermittelnden Schadensersatz zu verurtheilen; eventuell aber dahin, daß das Gericht verordnen wolle, daß der Damm nach dem ursprünglichen Plane des Gr. Revierförsters Neukirch vom Jahre 1823 nach Maßgabe des Vertrags vom 14. April 1824 wieder hergestellt werde. Nach vorhergegangenen Verhandlungen erfolgte am Gr. Bezirksgericht unter dem 11. Juli 1868 Urtheil, welches die sämmtlichen Unzulässigkeits-Einreden der Hauptbeklagten und die damit verbundenen Incidentklagen als unbegründet, sowie den Hauptantrag des Cassationsklägers als nicht gerechtfertigt verwarf, dagegen vor definitiver Entscheidung über den eventuellen Antrag Experten ernannte, welche ihr Gutachten darüber abgeben sollen, welche Beschädigung an dem Kühkopfer-Damm sich vorfinden, welche Reparaturen erforderlich seien, um denselben in den Zustand zu versetzen, der dem ursprünglichen Plane des Revierförsters entsprechen und wie hoch sich die Kosten belaufen.

Auf die von Seiten der Verwaltung und Fink gegen dieses Urtheil eingelegten Haupt- und von Seiten des Cass.-Klägers erhobenen Incident-Appellationen gab Gr. Obergericht den 27. Febr. 1869 Endurtheil, welches die Hauptappellation der Verwaltung gerichtet auf Aufhebung der erstrichterlichen Entscheidung, insoweit solche deren Einreden des nicht mehr bestehenden Vertrags vom 14. April 1824 und deren Incidentklagen auf Auflösung dieses Vertrags, sowie deren, dem eventuellen Antrag des Cass.-Klägers gerichtet auf Wiederherstellung des besagten Dammes in seinen früheren Zustand unter Beseitigung der Dammbrüche wegen Nichterfüllung Seitens desselben entgegengesetzte Unzulässigkeits-Einrede als unbegründet verwarf; dagegen der Hauptappell der Verwaltung sowie den vom Cassationsbeklagten Fink eingelegten eventuellen Incidentappell insoweit für begründet erklärte, als der erste Richter in Erkenntniß auf den oben bezeichneten eventuellen Klagechef eine Expertise anordnete, das Urtheil in diesem Theile aufhebt, und das thuend, was der erste Richter hätte thun sollen, ohne Rücksicht auf die heute vom Cassationskläger beantragte Expertise als irrelevant, und unter Beurkundung, daß die Oberforst- und Domänendirection, wie früher, so auch heute für den Fall, daß ihre auf Auflösung des obigen Vertrags gerichtete Incidentklage abgewiesen würde, sich bereit erklärt hat, eine einfache Wiederherstellung des Dammes nach Maßgabe des allegirten Vertrags vornehmen zu lassen, diesen eventuellen Klagechef abweist und den Kostenpunkt regulirt.

Gegen dieses Urtheil legte der ursprüngliche Kläger den Cassationsrecurs ein, der auch durch Urtheil des obersten Gerichts vom 29. Mai 1869 admittirt wurde. Zwei Richtungen dieses Recurses sind es, die in Betracht gezogen wurden, die eine formeller Natur, war dahin präcisirt, daß Gr. Obergericht eine Einrede supplirt habe, die nirgends vorgebracht gewesen war, nämlich daß die Klage des Cassationsklägers in ihrem eventuellen Antrag darum sich als unzulässig darstelle, weil ihr in diesem Sinne keine Sommation vorangegangen sei, und die andere materiell in der Annahme, daß zur Zulässigkeit einer Klage auf Vertragserfüllung eine außergerichtliche Aufforderung verlangt werde, eine Verletzung und üble Anwendung der Art. 1139 u. 1146 d. b. G. B. findet. Der ersten Richtung des Cassationsrecurses setzten die Cassationsbeklagten ihrer Seits blos den Einwand entgegen, daß dieses Mittel nicht auf dem Wege des Cassationsrecurses, sondern nur mit der sogenannten requête civile, der französ.-rechtlichen Wiedereinsetzung in den vorigen Stand, geltend gemacht werden könne; die in der zweiten Richtung behauptete Thesis hielten sie dagegen aufrecht. Durch Entscheidung des obersten Gerichts unterlag indessen das Urtheil a quo auf Grund der beiden angegebenen Beschwerden der Cassation. Nachdem der Gerichtshof in seinen Entscheidungsgründen mittelst einer genauen Analysirung, der von den beiden Cassationsbeklagten in beiden Instanzen in ihren vielfachen Anwaltsacten und in ihren bei den mündlichen Verhandlungen genommenen Conclusionen festgestellt hatte, daß sie in der That die Unzulässigkeitseinrede, auf welche das Obergericht sein Urtheil gebaut hat, nicht vorgebracht hatten, geht derselbe zur Erörterung der Rechtsfragen selbst über.

## Cassationshofs-Urtheil:

In Erw. das Obergericht in dem mit Cassations-Recurs angegriffenen Urtheil, nachdem es die erste Richtung der zweiten Appellbeschwerde selbst als unbegründet characterisirt hat, sich bezüglich der zweiten Richtung dahin äußert, „daß die Verwaltung zu deren Rechtfertigung vorbringe, daß, da sie die Initiative zur Wiederherstellung des Dammes in seinen früheren Zustand genommen gehabt, und Cassationskläger sich damit nicht einverstanden erklärt, vielmehr eine solche Wiederherstellung förmlich bestritten habe, er, wenn er auf eine solche hätte zurückkommen wollen, sie, bevor sie zu diesem Zwecke hätte klagend auftreten wollen, förmlich hätte sommiren müssen" und auf diesen Grund hin die Klage unzulässig erklärte.

In Erw. jedoch abgesehen davon, daß das Gericht nicht berechtigt war, auf eine solche im Verlaufe des Vortrags von der Verwaltung etwa beiläufig gemachte Aeußerung, die mit den förmlich von ihr genommenen Conclusionen in starkem Widerspruch stand, irgendwie Rücksicht zu nehmen, die Cassationsbeklagte Verwaltung auch durchaus keine Urkunde über ihre eventuelle Bereitwilligkeit begehrte und das, was das Gericht ex officio beurkundete, durchaus keinen rechtlichen Werth hatte. Das Gericht beurkundete, wie bereits oben angeführt wurde, daß die Verwaltung so wie vorher auch heute sich wieder bereit erklärt habe, den Damm in seinen früheren Zustand wieder herzustellen, wenn ihre Incidentklage auf Auflösung des Vertrags als unbegründet verworfen werden sollte, die vorherige Bereitwilligkeit aber durch ihr Rescript vom 9. August 1867 zurückgenommen war, in welchem sie erklärte, daß sie den Vertrag als aufgelöst betrachte, und darauf die Einrede, daß der Vertrag communi consensu aufgehoben sei, fortwährend gestützt wurde; die angeblich in dem Verlaufe des Vortrags **heute** von ihr kundgethane Bereitwilligkeit nach dem Inhalte der Beurkundung selbst an die Bedingung geknüpft gewesen sein soll, daß ihre Incidentklage auf Auflösung des Vertrags als unbegründet verworfen werden sollte, es aber unleugbar ist, daß ein Beklagter durch die Erklärung, daß er, wenn er mit seinen Einreden gegen eine gegen ihn gerichtete Klage abgewiesen werden sollte, dem Kläger gerecht werden wollte, diesen nicht klaglos stellt, sondern ihn nöthigt, über die Begründung seiner Klage richterliche Hülfe und richterlichen Schutz zu begehren, demnach seine Klage auch zulässig war.

In Erw. die weitere Frage angehend, ob der Cassationskläger berechtigt war, das in Rede stehende Mittel durch einen Cassations-Recurs zur Geltung zu bringen, und ob er nicht zur requête civile hätte greifen müssen, auch diese im Sinne des Cassationsklägers entschieden werden muß;

einmal, weil das Mittel der requête civile, das hier in Betracht kommt — nämlich jenes des art. 480 c. d. pr. Nr. 3. S'il a été prononcé sur choses non demandées, wie dieß schon der technische Ausdruck demande nachweist — sich auf den Fall bezieht, wo dem Kläger etwas zugesprochen wurde, was er nicht verlangt hat, und der Beklagte deßwegen Beschwerde erhebt, und in der That die uns vorliegende reichhaltige Rechtsprechung nur solche Fälle betrifft; nicht aber umgekehrt, wo der Kläger sich darüber beschwert, daß auf einen Grund hin ihm seine Klage abgesprochen worden sei, den der Beklagte nicht vorgebracht habe, in welchem Falle ein reines excès de pouvoir, eine Verletzung der Verhandlungsmaxime vorliegt, Mittel, wofür der Cassations-Recurs gegeben ist und die der Cassationskläger zur Rechtfertigung seines Mittels anruft, wenn er sich vielleicht auch zur Ungebühr bei der Formulirung seines Rechtsmittels des Ausdrucks „ultra petita" bedient hat;

sodann aber ferner in Betracht zu ziehen ist, daß es ebenso anerkannten Rechtens ist, daß der Cassations-Recurs dann zulässig ist, wenn gleichzeitig in dem, was der Richter ultra petita zuerkannt hat, auch ein Gesetz verletzt ist, dieser Umstand aber hier auch zutrifft, wie der Cassationskläger dies in seinem dritten Mittel besonders geltend macht, weil eine Klage auf Erfüllung nicht dann als unzulässig erklärt werden darf, wenn eine förmliche Sommation nicht vorangegangen ist; der Art. 1139 verbunden mit Art. 1146 es vielmehr klar in die Hand gibt, daß eine Inverzugsetzung, durch eine förmliche außergerichtliche Sommation nur erfordert ist, wenn auf Schadensersatz wegen Nichterfüllung oder verspäteter Erfüllung geklagt wird, und es nur richtig steht, daß, wenn ein Kläger ohne Weiteres auf Erfüllung klagbar wird, und der Beklagte augenblicklich erfüllt, möglicherweise der Kläger in die Kosten der Klage verurtheilt werden kann, nicht aber, wenn, wie hier, der Beklagte sich nicht nur schon vor der Klage förmlich von dem ganzen Vertragsverhältnisse losgesagt hatte, auf dessen Erfüllung eventuell geklagt wird, sondern auch nach erhobener Klage derselben eine Reihe von Einreden entgegenstellt, die den Kläger zur Impetrirung einer richterlichen Entscheidung gezwungen haben.

In Erw. sohin nicht nur der Theil des Urtheils zu cassiren ist, in welchem der Richter a quo die Klage als unzulässig erklärte, sondern auch jener, der den Antrag auf vorläufige Einholung eines expertischen Gutachtens für irrelevant erklärte, indem auch er den Cassationskläger ein solches Begehren zu stellen für berechtigt gehalten und einzig und allein die Expertise darum für irrelevant erklärte, weil eine Sommation noch nicht erlassen, und die Klage demnach nach seiner Ansicht noch zur Zeit unzulässig wäre; mit der Cassation des Urtheils in diesem Punkte sonach auch dieser Theil des Urtheils zusammenfällt, und da mit der Entscheidung in der Hauptsache auch die Art, wie das Obergericht den Kostenpunkt regulirt hat, nicht weiter bestehen kann, auch in dieser Beziehung Cassation eintreten muß.

In Erw. in revisorio:

Nach dem was in cassatorio bezüglich der Zulässigkeit der Klage in ihrem eventuellen Petitum vorgebracht ist, in revisorio eine Verwerfung der Appellation in dieser Hinsicht vollständig motivirt erscheint.

Was aber die begehrte und vom Bezirksgericht schon angeordnete Einholung einer Begutachtung über den Bestand der Beschädigung, der nothwendig werdenden Arbeiten zu ihrer Herstellung und des Betrags der desfallsigen Kosten angeht, die Gründe des vordern Richters ebenfalls zu billigen sind, indem der §. 4 des Vertrags vom 14. April 1824 ausdrücklich bestimmt, daß, wenn Arbeiten zur Unterhaltung des Dammes vorzunehmen sind, dieß nur mit Vorwissen der Privatbesitzer stattfinden soll; es aber nicht zu begreifen wäre, warum stipulirt sein sollte, daß die Reparaturen nur mit Vorwissen der Contrahenten, was wohl nichts anders heißen kann, als daß die Mitcontrahenten vorher, vor Beginn derselben, von dem Vorhaben der Vornahme der Reparaturen in Kenntniß gesetzt sein müssen, was es aber bedeuten sollte, wenn sie erst die Arbeiten ohne alle Controle vornehmen lassen müßten, ehe sie ein Wort mitzusprechen hätten, wie das auch in beiden vordern Instanzen zur Genüge auseinandergesetzt wurde.

In Erw. sonach die Appellation der Ober-Forst- und Domainen-Direction, sowie der Incidentappell von Fink pure als unbegründet zu verwerfen sind.

In Erw. was den Kostenpunkt angeht:

1) die beiden Cassationsbeklagten als Succumbenten in die Kosten der Cassations- und Revisions-Instanz zu verurtheilen sind,

2) was jedoch die Kosten der Appellation angeht bei der theilweisen Succumbenz der einen und andern Parthei eine derartige Kostencompensation einzutreten hat, daß sie nach dem Verhältnisse, in welchem solche von jeder der im Processe befindlichen Parthcien veranlaßt worden, von jeder zu tragen sind.

Aus diesen Gründen

cassirt Gr. Oberappellations- und Cassationsgericht, als Cassationshof erkennend, das Urtheil des Gr. Ober-Gerichts vom 23. Januar und 27. Februar 1869, insoweit dasselbe das mit Berufung angegriffene Urtheil des Gr. Bezirksgerichts zu Mainz vom 17. Juni u. 11. Juli 1868 reformirte und den Kostenpunkt regulirte, auch die Rückgabe der hinterlegten Succumbenzgelder verordnet hat, und verordnet die Rückgabe der zum Zwecke des Cassatoriums hinterlegten Geldstrafe.

In revisorio Recht sprechend, verwirft das Gericht die Appellation der Forstverwaltung gegen besagtes Urtheil und den Incident-Appell des Revisen Fink gegen dasselbe Urtheil und erklärt die von dem Revidenten für die Appellation der revisorischen Verwaltung hinterlegten Succumbenzgelder für verfallen.

Den Kostenpunkt angehend, verurtheilt das Gericht:

1) die beiden Cassations- und Revisions-Beklagten in die Kosten der Cassations- und Revisions-Instanz,

2) verordnet, was die Kosten der Appellations-Instanz betrifft, daß aus den beiderseitigen Kosten eine Masse gebildet werden soll, wovon die Oberforst- und Domänen-Verwaltung drei Sechstel, der Graf von Oberndorff zwei Sechstel und der Revise Fink ein Sechstel zu tragen hat.

Darmstadt, 15. Nov. 1869. Präs.: Benner.

Ref.: Dernburg. Staatsbeh.: Gr. O. A. und C. G. R. Dr. Röder.

Anwälte: Cass.-Kl. Dr. Dumont — Cass.-Bekl. Dr. Betz.

**Verkauf auf Ratification. — Interpretation der Verträge nach den Intentionen der Partheien — neue Klage in Appellatorio. — Zuständigkeit des Cassationshofs — neue Klage in revisorio.**

1) Ein Verkauf, bei welchem sich der Verkäufer (binnen einer bestimmten Zeit?) Ratification vorbehält, bildet ein dem Käufer bindendes und kein unter Potestativ-Bedingung von Seiten dessen der sich verbindet abgeschlossenes Geschäft, ist daher gesetzlich zulässig und rechtskräftig.

2) Die Frage, ob unter gegebenen Verhältnissen ein Geschäft auf Ratification abgeschlossen ist oder nicht, ist eine questio facti.

3) Liegt einer Klage auf Auflösung eines Geschäfts eine Sommation auf Erfüllung zu Grunde, die die Gültigkeit der Erfüllung an Bedingungen knüpft, die sich als vertragsmäßig nicht bewähren; ereignen sich aber während die Sache in zweiter Instanz anhängig ist neue factische Wirren unter den Partheien, und läßt nunmehr der Resolutionskläger eine neue Sommation ergehen und erhebt eine neue Resolutionsklage, weil der Resolutionsbeklagte diesen neuen Verhältnissen nach seiner Ansicht nicht gerecht worden ist, so liegt hierin eine in appellatorio unzulässige neue Klage.

4) Dem obersten Gericht steht das Recht zu auf Grund der Würdigung des Verlaufs des Processes, und der vordergerichtlichen Motive zu entscheiden, ob seine der Resolution entsprechend Entscheidung wirklich auf die neuen Verhältnisse gebaut werde und gebaut werden konnte.

5) Ganz so wie in appellatorio ist eine solche neue Klage in revisorio unzulässig.

**Bopp c. Probst.**

---

Zwischen dem Gutsbesitzer Joseph Probst zu Mainz, heutigem Cassationsbeklagten, und dem Gutsbesitzer Franz August Bopp zu Mommenheim, heutigem Cassationskläger, kam den 2. Juni 1868 durch Akt unter Privatunterschrift ein Geschäft zu Stande, welches die Veranlassung zu bedeutenden Sach- und Proceß-Conflicten gab. Joseph Probst verkaufte nämlich mit Zuziehung seiner Ehefrau durch besagten Akt dem Gutsbesitzer Bopp seine Liegenschaften in den Gemarkungen von Ebersheim, Nieder-Olm, Ober-Olm und Harxheim, sowie Haus und Garten in ersterer Gemeinde sammt dem ganzen Guts-Inventar für den Kaufpreis von 120,000 fl. Als wesentliche den Rechtsstreit beherrschende Bedingungen dieses Verkaufes erscheinen folgende:

1) Der Käufer machte sich verbindlich, seinen Kaufpreis also abzutragen:

5000 fl. bei Unterzeichnung des demnächst durch Notar Gaßner in Mainz aufzunehmenden Kaufactes

5000 fl. am 1. Juli 1868,

20000 fl. am 11. Nov. 1868,

den Rest mit 90,000 fl. in vier gleichen Jahresterminen, Martini 1869 — 1870 — 1871 — 1872. Der Kaufpreis soll vom 1. Juli bis 11. Nov. 1868 mit 2½ pCt., von diesem Tage an aber mit 5 pCt. verzinst werden. Unter andern findet sich in diesem Acte folgende Bedingung unter Nr. 3: „Der Verkäufer ist verpflichtet, und wird hierzu durch den Käufer ausdrücklich bevollmächtigt, nach der Aufnahme des notariellen Actes 25 Morgen noch zu bestimmender Äcker-felder und Wiesen im Verhältnisse der Gesammt-Morgenzahl, wovon zwei Viertel aus den bessern Klassen, ein Viertel aus den mittlern und ein Viertel aus den geringern Klassen auszuwählen sind, auf seinen Namen öffentlich versteigern zu lassen und natürlich den Steigpreis dem Käufer zu übertragen; dadurch erleidet der festgesetzte Kaufpreis keine Aenderung. Probst übernimmt die Garantie, daß aus den zu versteigernden 25 Morgen im Ganzen so viel erlöst wird, als die Taxe der Bürgermeister für beregte 25 Morgen beträgt. Ein Mindererlös von 100 fl. kommt nicht in Betracht. Auch verpflichtet sich Probst bei dieser Versteigerung weder selbst zu bieten noch bieten zu lassen, oder einen Dritten zum bieten zu veranlassen, sich überhaupt jedes unmittelbaren oder mittelbaren Einflusses auf den Steigerer zu enthalten, widrigenfalls Bopp auf keine Weise an das Resultat gebunden ist. Ebensowenig ist Herr Bopp, welcher die 25 Morgen der zur Versteigerung kommenden Liegenschaften zu bezeichnen hat, an das Geschäft gebunden, wenn daraus nicht die bürgermeisteramtliche Taxe erlöst werden sollte."

In Folge dieses Vertrags ließen die Eheleute Probst unter dem 13. Juni 1868 die ihnen zur Versteigerung aufgegebenen 25 Morgen des Guts versteigern und zwar unter Vorbehalt der Ratification Seitens der Versteigerer. Das Resultat war, daß der Gesammterlös 7860 fl. weniger als die bürgermeisteramtliche Taxe betrug. Der Cassationsbeklagte Probst ließ nunmehr das Resultat der Versteigerung dem Cass.-Kläger Bopp durch Gerichtsvollziehersact am 15. Juni 1868 mittheilen, und bemerkte in demselben, daß der Käufer für die richtige Einhaltung der in den Acten stipulirten Termine eine Bürgschaft zu stellen habe, und ihn auffordern „Mittwoch den 17. Juni 1868 Vormittags 11 Uhr auf der Amtsstube Großh. Notars Gaßner in Mainz zu erscheinen, und dort nach Einsichtsnahme des Versteigerungsprotokolles entweder den Verkaufsbedingungen entsprechend einen öffentlichen Kaufact zu passiren und den erzielten Erlös überwiesen zu erhalten, in diesem Falle den Bürgen für den Kaufpreis zur Unterzeichnung miterscheinen zu lassen, oder wenn er von dem Geschäfte in Folge des Erlöses der Versteigerung abzugehen gedenke, dieß ausdrücklich vor Notar zu Protokoll zu erklären, widrigenfalls er seine Rechte gerichtlich wahren werde.

Den folgenden Tag erfolgte Aufforderung von Bopp an Probst des Inhalts: Er habe ihm schon vor 8 Tagen diejenigen 25 Morgen genau bezeichnet, welche nach dem Vertrag zur Versteigerung gebracht werden sollten.

Probst habe zwar unter dem 13. Juni abhin eine Versteigerung der ihm bezeichneten 25 Morgen vorgenommen, aber nicht so, wie er solche vorzunehmen verpflichtet gewesen sei, namentlich darum, weil er unter vorbehaltener Ratification versteigert habe, eine solche Probeversteigerung sei in Rheinhessen schon im Allgemeinen gesetzlich nicht zulässig, jedenfalls sei solche nicht üblich und keineswegs geeignet einen Maßstab für den wahren Werth des Gutes abzugeben, er fordere sohin seiner Seits den Verkäufer auf, seinen Verbindlichkeiten nachzukommen, andern Falls werde er seine Rechte gerichtlich verfolgen." In dem anberaumten Termin vor Notar Gaßner wiederholte der Cassationskläger nochmals den Grund, warum er sich heute auf Grund der abgehaltenen Versteigerung eine definitive Erklärung nicht zu geben habe, bestritt aber unter andern auch, daß ihm mit Unrecht die Bedingung gestellt worden sei, eine Bürgschaft zu leisten, wozu er nicht verbunden gewesen sei. Probst erhob nunmehr unter dem 22. Juni 1868 Klage auf Auflösung des Geschäfts wegen Nichterfüllung desselben von Bopps Seite. Eventuell solle das Gericht jedenfalls die Versteigerung als vertragsmäßig und den Beklagten verpflichtet erklären, falls er nicht vom Vertrage abgehen wolle, die Erlöse aus dieser Versteigerung ohne Einfluß auf die stipulirte Kaufsumme zu übernehmen. Bopp bestritt die Klage von Probst in seinem System als unzulässig, beantragte seiner Seits die Versteigerung vom 15. Juni 1868 als nichtig, irrelevant und wirkungslos zu erklären, und trug incidenter auf Erfüllung des Vertags von Seiten Probst an. Durch Urtheil vom 10./25. Juli 1868 verwarf Gr. Bezirksgericht die Klage von Probst als unbegründet, erklärte die Gegenklage auf Erfüllung von Seiten Bopp's für begründet und verordnete eine Expertise zur Auswahl der normativen 25 Morgen Aecker, die probeweise zur Versteigerung gebracht werden sollten. Das Gericht theilte in seinen Motiven in jure und in facto die Ansicht des Hauptbeklagten über den Werth der von Probst abgehaltenen Versteigerung. Dasselbe erkannte ferner bezüglich der Behauptung des Probst, daß Bopp für die Erfüllung des Vertrags Bürgschaft zu leisten habe unter Verwerfung des zu diesem Zwecke von Probst erbotenen Zeugenbeweises als unzulässig, auf Erklärung des von

Probst an Bopp eventuell deferirten Eides. Auf die dagegen vom Cassationsbeklagten ergriffene Appellation erklärte Gr. Obergericht in einem ersten Urtheil vom 27. Jan. 1869 reformatorisch die Versteigerung vom 13. Juni 1868 als dem Vertrag entsprechend abgehalten, und gab dem Appellaten auf in der peremtorischen Frist von 8 Tagen nach Zustellung des Urtheils durch Anwaltsact seine Erklärung abzugeben, ohne berechtigt zu sein, falls ihm der Appellant die Steigerlöse aus dem Acte vor Notar Gaßner vom 13. Juni 1868 mit allen Rechten cedire einen Abzug an dem cedirten Kaufpreis machen zu können, ob er sich an den Kauf vom 2. Juni 1868 gebunden erachte, um dann weiter zu erkennen was Rechtens, und setzte die Bestimmung eines Termins zur Erklärung und eventuell Ausleistung des in erster Instanz zum Beweise der behaupteten Bürgschaft deferirten Eides aus, bis Bopp seine Erklärung abgegeben, ob er sich überhaupt an das Kaufgeschäft gebunden erachte oder nicht.

Bopp gab nunmehr unter dem 5. und 15. Februar seine Erklärung dahin ab, daß er vom Vertrag vom 2. Juni 1868 nicht zurücktrete, auf dessen Vollzug vielmehr in allen Theilen bestehe, und das Geschäft in allen seinen Theilen aufrecht erhalte, unter der Bedingung, daß Probst die Versteigerung vom 13. Juni 1868 nicht ratificire. Nunmehr ließ Probst dem Bopp persönlich eine neue Sommation insinuiren, worin er ihm erklären ließ, daß er bereit sei, den Kauf- und Verkaufsvertrag unter den beiden Bedingungen dahin abzuschließen, daß Bopp:

1) entweder die Steigerlöse aus dem Protokoll vom 13. Juni 1868 und das übrige Gut oder bei Wegfall der Genehmigung der Versteigerung das ganze Gut gegen ungeschmälerte Zahlung der stipulirten 120,000 fl. übernehme, und
2) der Beredung vom 2. Juni entsprechend nicht nur die ursprünglich stipulirte Zahlung von 5000 fl., sondern auch die den 1. Juli 1868 stipulirte Zahlung von weitern 5000 fl. und die pro 11. Nov. 1868 fällig gewordenen 20,000 fl. nebst den stipulirten Zinsen à $2\frac{1}{2}$ resp. 5 pCt. bezahle; von der geforderten Bürgschaft wolle er abstehen, und ebenso sei er bereit über die eingethane Erndte des Gutes Rechnung zu stellen, und ihm das ihm

daraus gut Kommende sofort überliefern. Mit dieser Sommation war die Aufforderung an Bopp verbunden den 17. Juni 1869 vor Notar Gaßner zu erscheinen, um nach Maßgabe dieser Erklärung und unter Leistung der fälligen Kaufpreistheile sammt Zinsen sofort eine öffentliche Urkunde aufnehmen zu lassen, alles dieses unter der ausdrücklichen Erklärung, daß falls Requisit dieß verweigern würde, er sofort die Auflösung der Vertragsberedung vom 24. Juni 1868 Mangels Erfüllung zu beantragen, unter ausdrücklichem Vorbehalt der aus der schon anhängigen Procedur dieserhalb formulirten Klagebegehren und unter weiterem Vorbehalt für diesen Fall auf der Verhandlung über die zugesagte Bürgschaft zu bestehen. Bopp gab hierauf am 17. Februar folgende Erklärung ab, er könne in der dermaligen Lage der Sache den Kaufact nicht passiren, indem eine Berechnung zwischen ihm und Probst dem Abschlusse des Kaufactes vorangehen müsse, Probst habe nämlich:

1) die Erndte von 1868 nicht nur eingethan, sondern auch größtentheils veräußert, der aus 21 Stück bestehende Herbst, der per Stück einen Werth von 500 fl. repräsentirte, sei sämmtlich durch Probst veräußert und der Erlös eingezogen worden, und zwar alles ohne seine Genehmigung, er könne daher diese Handlungen nicht anerkennen, und begehre vor Allem Wertherstatz;
2) Probst habe bis heute Haus und Garten in Besitz und schulde daher vom 1. Oct. letzthin eine Entschädigung;
3) nach den Grundbuchauszügen seien nicht so viel Weinbergsfelder vorhanden, als durch Probst verkauft worden seien, es müsse daher eine verhältnißmäßige Reduction des Preises stattfinden;
4) das verkaufte Gut sei mit Privilegien und Hypotheken belastet; die Zahlung der auf den 11. Nov. 1868 fällig gewesenen 20,000 fl. des Kaufpreises sei daher zu suspendiren;
5) vor Erledigung des dermalen anhängigen Processes könne aber überhaupt von Errichtung

einer Urkunde keine Rede sein, da eine solche die Erledigung der obschwebenden Differenzen voraussetze.

Nach vorhergegangener Beantwortung dieser verschiedenen Ausstellungen von Seiten Probst's, worin er hauptsächlich vorerst die Passation des Actes und Zahlung der fälligen Raten verlangte, wo er denn später über seine Verwaltung Rechnung stellen wolle, erhob derselbe von neuem Incidentklage, worin er unter Bezugnahme auf die oben exponirten Verhandlungen hin Auflösung des Vertrags vom 2. Juni 1866 begehrte, unbeschadet des schon früher deßhalb formulirten Grundes, welche **heute dadurch** begründet erscheine, daß Bopp auch in seinen in Gefolge der urtheilsmäßigen Auflage durch Anwaltsact abgegebenen Erklärungen den Willen kund gab, den Vertrag nicht nach Maßgabe der obergerichtlichen Entscheidung zu erfüllen, wobei von jeder weiteren Verhandlung über die streitige Frage, ob Bopp Bürgschaft zu stellen, Umgang zu nehmen sei. Der Cassationskläger bestritt hierauf durch Anwaltsact vom 3. März 1869 diese Incidentklage auf Grund des Art. 464 d. b. P. O. und erhob eventuell Gegenklage auf Wertherſatz der vom Cassationsbeklagten eingethanen Erndte.

Unter dem 4./18. März 1869 erließ hierauf Gr. Obergericht ein Endurtheil, worin es Urkunde ertheilt, „daß Appellat zwar der Form aber nicht dem Inhalte nach dem Vorbescheide vom 7. Januar 1869 Genüge geleistet, daß er ebenso wenig der Anforderung vom 10. Februar 1869 nach Maßgabe der bestehenden Bedingungen einen authentischen Act über das Kaufgeschäft aufnehmen zu lassen, und die drei auf Martini 1868 fällig gewesenen Termine gegen den Nachweis, daß keine Einschreibung bestanden welche das Gut belasten, zu bezahlen genügt hat, nunmehr definitiv Recht sprechend, ohne Berücksichtigung der von dem Appellaten den 19. Febr. 1869 (soll heißen den 3. März 1869) erhobenen Incidentklage, welche als unzulässig abgewiesen wird, erklärt der Hof die Vertragsberedung v. 27. Juni 1868 über den Kauf und Verkauf des dem Appellanten zugehörigen Guts, sowie diese Beredung in dem Acte des Gerichtsvollziehers Müller vom 15. Juni 1868 aufgegeben für aufgelöst ꝛc.

Bopp ergriff nunmehr gegen die beiden obergerichtlichen Urtheile den Recurs an das oberste Gericht. Das erste von demselben geltend gemachte Cassationsmittel gegen das obergerichtliche Urtheil vom 21./28. Novbr. 1868 und 7. Jan. 1869 soll in einer Verletzung und üblen Anwendung und Auslegung der Art. 1882, 1583, 1602, 1603, 1108, 1170, 1174, 1156 d. b. G. B. und Gewaltüberschreitung gefunden werden, welches Cass.-Kläger dadurch zu begründen sucht:

1) daß eine mit Vorbehalt der Ratification abgehaltene Versteigerung rechtlich unwirksam und bedeutungslos sei;
2) daß jedenfalls eine solche Versteigerung nicht in den Intentionen der Partheien gelegen, und in dem Vertrage bedungen gewesen sei und das Gericht in dem es gleichwohl diese Versteigerung als dem Vertrag entsprechend erklärt habe, seine Gewalt überschritten habe.

Das zweite Cassationsmittel ist gegen das Urtheil des Obergerichts vom 4./18. März 1869 gerichtet und auf eine Verletzung der Art. 464 und 61 d. b. P. O. und 1358 d. b. P. O. und Gewaltüberschreitung gestützt wird.

Nachdem dieser Recurs durch Admissionsurtheil vom obersten Gerichtshof vom 31. Mai 1869 admittirt war, der Cassationsbeklagte auch seine Vertheidigungsschrift eingereicht hatte, kam die Sache zur contradictorischen Verhandlung, die zu folgender cassatorischen Entscheidung führte.

## Cassationshofs-Urtheil:

In Erw. zum ersten Cassationsmittel:

Ad. 1. der Cassationskläger ausführt, daß der Art. 1582 1583, 1603 des b. G. B. zur Gültigkeit des Verkaufs die Einigung der Parthieen über Sache und Preis verlange, sowie ferner daß für den Verkauf außerdem die Verbindlichkeit, zu überliefern (à délivrer) vorliegen müsse, endlich daß auch der Art. 1108 für jeden Vertrag den wechselseitigen Consens voraus-[setz]e. Diese Voraussetzungen seien hier nicht vorhanden, wo nur die eine Parthei sich verpflichte das Kaufobject zu nehmen, nicht aber die andere, dasselbe zu liefern.

In Erw. daß jedoch das Wesen der unter Vorbehalt der Ratification abgehaltenen Versteigerung darin besteht, daß durch dieselbe ein einseitiges Rechtsverhältniß geschaffen wird, wobei der Steigerer einwilligt, seinerseits verbunden zu sein, die Sache für sein Angebot zu behalten, während er ebenso einwilligt, daß der Versteigerer sich seine Einwilligung noch vorbehält

daß in dieser Einwilligung zum Abschluß eines einseitigen Rechtsgeschäfts der zur Gültigkeit des Vertrags nöthige consensus liegt, den der Cassationskläger vermissen will,

daß auch keine den Vertrag nichtig machende Potestativ-Bedingung in einer solchen Versteigerung liegt, wie der Cassationskläger behauptet, indem die Verbindlichkeit von Seiten des Steigerers d. h. des Verpflichteten (de la part de celui qui s'oblige) eine unbedingte und nicht von seinem Willen abhängige ist, hiernach die Voraussetzung des Art. 1174 c. c. hier nicht vorliegt

daß hiernach der Einwand sub 1 als ein nicht begründeter erscheint.

Ad. 2. daß die behauptete Gewaltüberschreitung darin liegen soll, daß Gr. Obergericht die Intention der Parthieen, die klar und unzweideutig auf ein gültiges und vorbehaltloses Rechtsgeschäft gerichtet gewesen sei, dahin interpretirt habe, daß sie ein ungültiges und imperfectes Rechtsgeschäft beabsichtigt hätten, welches noch nebenbei seinem unverkennbaren Zwecke, einen richtigen Werthmesser für das Kaufobject abzugeben, geradezu widerstrebe; zugleich enthalte eine solche Interpretation, wenn sie, wie untergebens, zu Gunsten des Verkäufers stattfinde, eine Verletzung des Art. 1602 des b. G. B.

In Erw. daß eben nachgewiesen wurde, daß das Rechtsgeschäft, wie es das Obergericht, als von den Parthieen intendirt, angenommen hat, kein ungültiges ist.

In Erw. daß die Frage, ob die streitige Klausel in dem von dem Cassationskläger unterlegten Sinne oder in der ihr von dem Obergericht gegebenen Deutung aufzufassen sei, eine rein stactische ist, und wenn das Gericht die von ihm derselben gegebene Auslegung den Intentionen und dem Interesse beider Parthieen entsprechend gefunden hat, darin weder eine Gewaltüberschreitung noch eine Verletzung des Art. 1602 zu finden ist.

In Erw. die zweite Richtung des ersten Mittels auf eine Verletzung der in den Artikeln 1156 u. ff. aufgestellten Interpretationsregeln und Gewaltüberschreitung gestützt wird; daß jedoch die angerufenen Gesetzesstellen dem Richter nur allgemeine Gesichtspunkte an die Hand geben wollen, nach denen er bei Interpretation der ihm vorgelegten Verträge verfahren soll, die Anwendung im concreten Falle aber lediglich seinem Ermessen überlassen ist, Gr. Obergericht sonach durch die von ihm bethätigte Interpretation der hier einschläglichen Vertragsbestimmungen keineswegs die ihm zustehenden Befugnisse überschritten und eine Gewaltüberschreitung begangen hat.

In Erw. hiernach das erste Mittel in allen Theilen theils als unzulässig, theils als unbegründet verworfen werden muß.

In Erw. zum zweiten Cassationsmittel,

daß der Cassations-Kläger zur Begründung dieses Mittels behauptet, die in der Appell-Instanz unterm 19. Febr. 1869 eingeführte Incidentklage auf Auflösung des Vertrags vom 2. Juni gründe sich auf Thatsachen und Verhältnisse, die erst in der Apell-Instanz existent geworden und erst nach dem obergerichtlichen Urtheil vom 7. Januar 1860 datiren, sie bilde deßhalb eine neue Klage, gleichwohl habe Gr. Obergericht sie als zuläßig und begründet erkannt und hierdurch den Art. 464 der b. P. O. verletzt, eventuell beruhten die Gründe des angefochteten Untheils in der Hauptsache auf Denaturirung der Thatsachen und Gewaltüberschreitung.

In Erw. der Cassationsbeklagte dieses Mittel als unzulässig wegen thatsächlicher Entscheidung und unbegründet bestreitet und behauptet, die Annahme des Cassationsklägers, als habe das Urtheil vom 18. März 1869 die Auflösung des Vertrags vom 2. Juni 1868 nicht auf die ursprünglichen Klagebegehren hin, sondern auf die in appelatorio erhobene Incidentklage vom 19. Febr. 1869 und die ihr vorausgegangene Sommation vom 10. Febr. zugesprochen, sei eine irrige und mit den Acten im Widerspruch stehende, vielmehr habe dasselbe nach seinen Motiven und seinem Decisum die Auflösung lediglich deßhalb zuerkannt, weil Bopp der vorbescheidlichen Auflage vom 7. Jan. 1869 nicht genügt habe, das Erkenntniß darüber aber, ob Bopp der Sache nach dem Vorbescheide durch die in seinen Anwalts-Acten abgegebene Erklärung binnen peremtorischer Frist nachgelebt habe, ein rein thatsächliches und deßhalb der Cassation nicht zugängliches sei.

In Erw. daß jedoch diese Behauptungen mit dem klaren Wortlaut und dem Sinne der beiden obergerichtlichen Urtheile im Widerspruch stehen.

In Erw. nämlich der Vorbescheid vom 7. Januar 1869 sich darauf beschränkt hatte, dem Cassationskläger die Auflage zu machen, „sich binnen der peremtorischen Frist von 8 Tagen zu erklären, ob er sich an den Kauf vom 2. Juni 1868 gebunden erachte, um dann weiter zu ergehen was Rechtens,"

daß das Endurtheil vom 18. März 1869 ausdrücklich anerkannt, daß Bopp durch den Anwaltsact vom 5. Februar 1869 dies unzweideutig erklärt habe, aber anstatt daraufhin auszusprechen, daß dem Vorbescheid genügt sei, daraus die Folgerung zieht, daß derselbe nunmehr auch verpflichtet sei, „da hierdurch das Geschäft ex tunc gültig werde, der Aufforderung des Appellanten zu genügen und über dasselbe einen authentischen Act, wie ausdrücklich stipulirt sei, vor Notar Gaßner zu passiren,"

daß hierauf das Urtheil in eine Prüfung der Einwände eingeht, welche der Cassationskläger der Sommation vom 10. Febr. 1869 auf Passation eines solchen Actes bei der Verhandlung vor Notar Gaßner am 17. Febr. entgegensetzte, dieselben als leere Ausflüchte bezeichnet und sodann erklärt, daß Appellant hiernach berechtigt sei, die Klage auf Resiliation der Kaufberedung zu erheben, beziehungsweise die Zuerkennung der ursprünglich erhobenen Resiliationsklage zu begehren.

In Erw. daß, diesen Motiven entsprechend, das Decisum erklärt, daß Bopp „der Aufforderung vom 10. Febr. 1869 nach Masgabe der bestehenden Beredung, einen authentischen Act über das Verkaufgeschäft aufnehmen zu lassen und die drei auf Martini 1868 fällig gewesenen Termine gegen die Nachweise, daß keine Einschreibungen bestünden, zu bezahlen nicht genügt habe" und darauf hin die Auflösung des Vertrags vom 2. Juni ausspricht.

In Erw. daß das Decisum zwar auch beurkundet, daß „Bopp zwar der Form, aber nicht dem Inhalte nach dem Vorbescheid vom 7. Januar 1869 Genüge geleistet habe," daß damit, da das Urtheil in seinen Motiven selbst anerkennt, daß Bopp nur ausweichende Erklärungen abgegeben habe, nur gesagt sein kann, daß derselbe auch verpflichtet gewesen sei, der in der Sommation vom 10. Februar an ihn gestellten Aufforderung nachzukommen, den Kaufact zu passiren und dabei, trotzdem Probst bisher in Besitz und Genuß des Gutes verblieben war, die verfallenen Termine ad 30,000 fl. mit Zinsen vom 1. Juli 1868 zu bezahlen;

daß aber in dieser Erklärung eine offenbare Gewaltüberschreitung liegt, indem der Richter nicht ein Mehreres von den Parthieen verlangen konnte, als er ihnen in seinem Interlocut auferlegt hatte; daß hiernach dieselbe keine Berücksichtigung finden kann, und es somit feststeht, daß das angegriffene Urtheil die Auflösung des Vertrags lediglich auf die Incidentklage vom 19. Februar und die ihr vorausgegangene Sommation vom 10. Febr. gestützt hat;

daß man zu demselben Resultate gelangt, wenn man auf den Stand des Processes, wie er durch den Vorbescheid vom 7. Januar fixirt war, zurückgeht; in demselben erklärt nämlich das Obergericht ausdrücklich, „daß die Resiliationsklage nicht zugesprochen werden könne, weil Appellant in seiner Sommation die Passation eines notariellen Actes von der Stellung einer Bürgschaft abhängig gemacht habe, Appellat aber eine solche Bürgschaftsstellung bestreite", hiernach also, da Probst den Beweis der behaupteten Bürgschaft nicht angetreten hatte, auf Grund des Vorbescheids die Klage unmöglich zugesprochen werden konnte; —

daß hieraus sich zugleich die Unhaltbarkeit der weiteren Behauptung des Cassationsbeklagten ergibt, daß, da der Vorbescheid einen peremtorischen Termin zur Erklärung anberaumt habe, mit dessen Nichteinhaltung das Urtheil v. 18. März berechtigt gewesen sei, ohne Weiteres die Resiliation auszusprechen;

daß zudem der Cassationsbeklagte die Zuerkennung der Resiliationsklage niemals auf den Grund der angeblichen Nichteinhaltung des anberaumten Termins begehrte, vielmehr, nachdem ihm die in der urtheilsmäßigen Frist abgegebene Erklärung des Bopp nicht ausreichend erschien, durch Anwaltsact vom 8. Februar 1869 eine zweite provocirte und, noch ehe diese erfolgt war, den Bopp durch die erwähnte Sommation vom 10. Februar auffordern ließ, vor Notar zu erscheinen und unter den in derselben angegebenen Bedingungen den Kaufact zu passiren.

In Erw. daß bei dieser Sachlage nur zu untersuchen ist, ob die Incidentklage vom 19. Februar wirklich eine neue Klage im Sinne des Gesetzes ist, diese Frage aber bejaht werden muß, da ihr Verhältnisse und Thatsachen zu Grunde liegen, die sich erst in der Appell-Instanz nicht nur processualisch, sondern materiell entwickelt haben, also unmöglich der ursprünglichen Klage zu Grunde gelegen haben können;

daß hiernach auf Grund des zweiten Mittels das Urtheil des Gr. Obergerichts vom 18. März 1869 zu cassiren ist, jedoch nur in denjenigen Verfügungen, die dem Cassationskläger nachtheilig sind, während die Verfügung, welche den Schadensersatzanspruch des Cassationsbeklagten Probst als unbegründet abweist, nach dem Grundsatz, daß die Rechtsmittel nur dem nützen, der sie einlegt, bestehen bleibt.

In Erw. In revisorio das der Cassation nicht unterliegende Urtheil des Obergerichts vom 7. Januar 1869 die Appellation des Revisen Probst insoweit begründet erkannte, als es die Versteigerung vom 13. Juni 1868 als eine rechtsgültige und dem Vertrag entsprechende erklärte, dagegen die beantragte Resiliation nicht ausgesprochen, vielmehr dem Bopp einen peremtorischen Termin gegeben hat, binnen welchem er sich zu erklären habe, ob er bei dem Geschäfte bleiben wolle, und bezüglich der dritten Beschwerde des Probst den erbotenen Zeugenbeweis bezüglich der Bürgschaft unzulässig erklärte, die Anberaumung eines Termins zur Erklärung über den Eid aber aussetzte, bis Bopp die ihm auferlegte Erklärung abgegeben habe.

In Erw. daß Bopp der Auflage dieses Urtheils durch die in dem Anwaltsacte vom 5. Febr. 1869 innerhalb der urtheilsmäßigen Frist abgegebene Erklärung entsprochen hat,

daß die derselben beigefügte Bedingung, daß Probst die Versteigerung bis jetzt nicht ratifizirt habe, noch ratifiziren werde, nicht beanstandet werden kann, da die Ratification nach dem obergerichtlichen Urtheile auch im Interesse von Bopp vorbehalten war, er also das Recht haben muß, dieselben zu versagen,

daß hiernach dem Vorbescheide vollständig genügt ist; daß Probst auf den zum Beweise der Bürgschaft deferirten Eid nicht mehr zurückkommt, hiernach aber die ursprüngliche Resiliationsklage und die darauf gestützten Incidentbegehren vom 4./9. Juli 1868 nicht zugesprochen werden können, weil, wie bereits in cassatorio hervorgehoben wurde, der Revise die Passation des Actes von der Stellung einer Bürgschaft abhängig machte und Bopp dieser Anforderung vertragsmäßig nicht zu entsprechen brauchte —

die Anträge des Revisen Probst in dieser Richtung daher als unstatthaft abzuweisen sind —

daß eventuell der Revise heute auf sein ursprüngliches even-

nutzung von Wohnhaus und Garten auf weitere drei Monate vom Tage der Passation des Actes beansprucht,

daß er ferner nicht nur die bei Passation des Actes als zahlbar bedungenen 5000 fl., sondern auch deren Verzinsung, ferner die Zahlung der am 1. Juli 1868 fällig gewesenen 5000 fl., sowie der am 11. Nov. 1868 verfallenen 20,000 fl., endlich die Verzinsung des ganzen Kaufpreises ad 120,000 fl. vom 1. Juli 1868 an verlangt, während er unbestrittener Maßen bis heute im Besitz und Genuß des Gutes geblieben ist und bezüglich der daraus bezogenen Nutzungen die Verweisung auf den Liquidationsweg beantragt

daß der Revisionskläger diese Anträge als unzulässig und unbegründet bestreitet und eventuell auf seine Reconventionsklage vom 3. März 1869 zurückkommt und als Ersatz für die von Probst eingethanen und veräußerten Früchte und Weine einen Betrag von 20,000 fl. begehrt, eventuell den Beweis dieser Veräußerung erbietet.

In Erw. daß der Revise in der Sommation vom 10. Febr. die bestrittene Bürgschaft nur für den Fall aufgegeben hat, daß der Revisionskläger seiner Anforderung entspreche und sofort bei Passation des Actes die fälligen 30,000 fl. somit Zinsen vom 1. Juli 1868 bezahle, andernfalls aber sich vorbehielt, darauf zurückzukommen

daß er zwar heute dieselbe unbedingt fallen läßt, damit aber Anträge über Streitpunkte verbindet, welche nicht Gegenstand der ursprünglichen Haupt- und Incidentklage waren, und die sich erst nach dem obergerichtlichen Urtheil vom 7. Januar durch die notariellen Verhandlungen vom 17. Febr. 1869 entwickelt haben,

daß unter diesen Umständen dem Revisionskläger das Recht auf zwei Instanzen nicht entzogen werden kann, der obige eventuelle Antrag des Revisen als in dieser Instanz unzulässig abzuweisen und ihm zu überlassen ist, seine deßfallsigen Rechte in erster Instanz zu verfolgen,

daß hiermit die eventuelle Gegenklage des Bopp v. 3. März 1869 objectlos wird

daß weitere Anträge der Parthieen zur Entscheidung nicht vorliegen

daß, die Kosten anlangend, der Cass.-Kläger in dem Recurs gegen das erste Urtheil unterliegt, in jenem gegen das zweite obsiegt, daher ihm die Hälfte der Kosten der Cassations-Instanz zu belasten sind, daß die Kosten der Revisions-Instanz dem Revisen als unterliegendem Theil zur Last zu setzen sind,

daß, die Kosten der vorderen Instanzen anlangend, Bopp durch das Obergerichts-Urtheil vom 7. Jan. 1869 bereits in zwei Drittel der bis dahin entstandenen Kosten der obergerichtlichen Instanz, die der Ausfertigung und Signification des obergerichtlichen Urtheils und des Urtheils des Bezirksgerichts vom 10./25. Juli 1868 einbegriffen, verurtheilt worden ist,

daß die weiteren Bezirks- und obergerichtlichen Kosten, worüber dieses Urtheil nicht entschieden hat, dem Revisen, als unterliegendem Theil, zu belasten sind.

## Aus diesen Gründen

verwirft Gr. Oberappell.- und Cass.-Gericht, als Cass.-Hof erkennend, den Recurs gegen das Urtheil des Gr. Obergerichts vom 21./28. Nov. 1868 und 7. Januar 1869 theils als unzulässig, theils als unbegründet; erklärt dagegen den Recurs gegen das Urtheil desselben Gerichts vom 4./18. März 1869, unter Verwerfung der dagegen vorgeschützten Unzulässigkeits-Einrede, begründet und cassirt dieses Urtheil in allen seinen Theilen mit Ausnahme der Verfügung, welche den Schadensersatzanspruch des Appellanten Probst als unbegründet abweist, um ohne Wirkung zu bleiben und verordnet die Rückgabe der hinterlegten Succumbenzgelder.

In Revisorio auf die Berufung gegen das Urtheil Gr. Bezirksgerichts Mainz vom 10./25. Juni 1868 Recht sprechend, insoweit das Urtheil des Obergerichts vom 7. Januar 1869 nicht bereits darüber erkannt hat, ertheilt das Gericht Urkunde, daß der Revisionskläger der Auflage dieses Urtheils durch die Erklärung vom 5. Febr. 1869 Genüge geleistet, sowie daß Probst den in erster Instanz deferirten Eid heute nicht reproducirt hat, und weist demgemäß die Anträge des Revisen, die Auflösung der Vertragsberedung vom 2. Juni 1868 auf den Grund der ursprünglichen Hauptklage vom 22. Juni 1868 und der darauf gestützten Incidentklage vom 4. und 9. Juli 1868 wie des heute gestellten Incidentbegehrens auszusprechen, als unstatthaft ab, weist den heute gestellten eventuellen Antrag des Revisen Probst, den Bopp zur Passation eines Kaufactes mit sofortiger

Zahlung der fälligen Kaufpreistheile ad 30,000 fl. sammt Zinsen zu verurtheilen und ihm den ferneren unentgeltlichen Besitz des Wohnhauses und Gartens auf weitere drei Monate vom Tage des Actes an zu gestatten, dagegen die Ansprüche des Bopp auf Früchte-Ersatz in das Liquidationsverfahren zu verweisen, als in dieser Instanz unzulässig ab, erklärt durch diese Entscheidung die eventuelle Incidentklage des Bopp vom 3. März 1869 als objectlos und behält beiden Partheien vor, ihre Rechte auf den Grund der Erklärung des Bopp vom 5. Febr. 1869 in geeigneter Weise in erster Instanz zu verfolgen,

den Kostenpunkt regulirend, verurtheilt das Gericht den Cassationskläger Bopp in die eine Hälfte, den Cass.-Beklagten Probst in die andere Hälfte der Kosten der Cass.-Instanz, verurtheilt den Revisen in die Kosten der Revisions-Instanz mit Ausnahme der Replikschrift des Revisionsklägers Bopp, welche diesem verbleibt, sowie in die Kosten der Bezirks- und obergerichtlichen Procedur, soweit das obergerichtliche Urtheil vom 7. Januar 1869 nicht darüber erkannt hat.

Darmstadt, den 22. Nov. 1869. Präs.: Benner.

Refer.: Dr. Röder. Staatsbeh.: Obergerichtsrath Freiherr v. Jungenfeld.

Anwälte: Cass.-Kl. Krämer — Cass.-Bekl. Dr. Dumont.

---

## Interlocut, Zulässigkeit des Cassationsrecurses. — Rechtsgeschäfte des Falliten seit dem Tage der Rückdatirung des Falliments.

1) Stützt der Kläger seine Klage in erster Linie auf ein keiner Beweisinterlocution bedürfendes

Mittel, in zweiter Linie aber auf ein Mittel, worüber vorerst interloquirt werden muß, das Gericht erster Instanz widerlegt in den Motiven zu seiner Entscheidung den primären Klagegrund, weist ihn zwar im Decisum nicht explicit ab, erläßt aber zur Erprobung des eventuellen Klagegrundes das nöthige Interlocut, und der Kläger erhebt dagegen wegen der Verwerfung seines primären Mittels Berufung und wird damit abgewiesen, so ist gegen das bestätigende Urtheil der zweiten Instanz der Cassations-Recurs zulässig.

2) Die wenn auch am Tage auf welchen das Falliment zurückdatirt wird vom Falliten abgeschlossenen Geschäfte müssen auf Klage als nichtig erklärt werden sobald sie den Massegläubigern Nachtheil bringen selbst dem gutgläubigen Mitcontrahenten gegenüber.*)

Fallitmasse König c. Schleicher.

---

Joseph König, Kappenmacher und Wirth in Oppenheim, wurde durch Urtheil des Gr. Handelsgerichts zu Mainz vom 27. Decbr. 1867 in Fallimentszustand erklärt, und der Ausbruch des Falliments auf den 12. Decbr. vorher reportirt. An diesem 12. December war zwischen den Eheleuten König und dem heutigen Cassationskläger Schleicher ein Vertrag abgeschlossen, inhaltlich dessen König an Schleicher sein in Oppenheim gelegenes Haus nebst An- und Zubehör um den Preis von 4500 fl. verkaufte. Schleicher wurde angewiesen 2000 fl. an die Hypothekargläubigerin Wittwe Alleborn zu Mainz zu bezahlen, bezw. deren Forderung für diesen Betrag auf den

*) Zu vergleichen Urtheil des obersten Gerichts v. 10. April 1866. Sammlung 2c. S. 14.

Kaufpreis zu übernehmen; den Rest mit 2500 fl. aber auf seine in größerm Betrag bestehenden Forderungen zu compensiren, so daß hierdurch der ganze Kaufpreis als getilgt erscheint.

Am 3. October erhob der Syndik der Fallitmasse gegen Schleicher Aufforderung bezw. Klage am Großh. Bezirksgerichte zu Mainz auf Räumung des fraglichen Hauses und Zahlung von 400 fl. als Betrag der aus dem Hause bis allher gezogenen Nutzungen, und durch Anwaltsact vom 13. November darauf Incidentklage, in welcher er beantragte den Act vor Notar Jäger vom 12. Dec. 1867 als an und für sich nichtig zu erklären, eventuell denselben aber als in fraudem creditorum gefertigt zu vernichten, diesemnach die in der Klage genommene Anträge zuzuerkennen. Dieser Incidentklage suchte er in seinem Hauptantrage die Ansicht zu Grunde, daß sobald ein die übrigen Gläubiger schädigendes Geschäft vom Falliten zu einer Zeit geschlossen wird, wohin der Fallimentsausbruch reportirt wurde, dasselbe ohne Weiteres ohne Rücksicht auf bona oder mala fides des Mitcontrahenten nichtig sei; eventuell nahm er zur Actio Pauliana (Art. 1167 c. c.) seine Zuflucht, und erbot den Simulations- und Fraudulositäts-Beweis an, worauf Gr. Bezirksgericht auch erkannte ohne in seinem Decisum den Hauptantrag zu verwerfen, während dasselbe jedoch in seinen Motiven das System des Klägers widerlegte.

Letzterer ergriff gegen dieses Urtheil die Berufung, und machte eben als Beschwerde geltend, daß ihm über seinen eventuellen Antrag ein Beweis auferlegt worden sei während der Vertrag schon ipso jure nichtig sei; diese Appellation wurde jedoch durch Urtheil des Gr. Obergerichts vom 14. März 1869, indem auch dieses Gericht die Ansicht des Gerichts erster Instanz billigte, verworfen.

Gegen diese letzte Entscheidung ergriff der Syndict den Cassations-Recurs, und machte als erstes Mittel die Verletzung des Art. 442 c. de com. und des Art. 1123 c. c. geltend. Dieser Recurs wurde durch Urtheil des obersten Gerichtshofs vom 7. Juni 1869 admittirt, und nach vorhergegangener contradictorischen Instruction, in welcher von Seiten des Cassationsbeklagten die Zulässigkeit des Mittels bestritten wurde, endlich zum Vortheil des C. Kl. entschieden in folgendem

## Cassationshofs-Urtheil:

In Erw. der cassationsbeklagte Schleicher den eingelegten Cassat.-Recurs darum als unzulässig in dem jetzigen Stadium des Processes bestreitet, weil das Urtheil des Gr. Bezirksgerichts Mainz vom 18./21. November 1868 dem Cassationsbeklagten gegenüber ein einfaches Interlocut ohne jeglichen definitiven Character sei, welches vor Entscheidung über den Antrag des Klägers auf Nichtigerklärung des Kaufactes vom 12. December 1867 denselben zum Zeugenbeweis zugelassen habe, und diese Entscheidung in dem obergerichtlichen Urtheil v. 11. März 1869, gegen welches der Recurs gerichtet sei, einfach bestätigt worden sei.

In Erw. jedoch der Cassationskläger seiner Klage zwei Richtungen gab; in der ersten beantragte er die Vernichtung des Kaufactes vom 12. December 1867, ohne daß es auf einen weiteren Beweis der Fraudulosität ankäme, kraft Gesetzes, weil durch Urtheil des Handelsgerichts vom 24. December 1867 der Ausbruch des Falliments auf den Tag der Errichtung des Actes festgesetzt worden sei, in zweiter Richtung behauptete er die Simulation und Fraudulosität desselben und erbot hierfür den betreffenden Beweis.

In Erw. daß das Bezirksgericht considerirte, daß der Antrag auf Nichtigerklärung dann begründet wäre, wenn Schleicher beim Abschluß des Kaufs bereits Kenntniß von dem Fallimentszustand des König gehabt haben sollte, und in seinem decisiven Theil den Kläger zu dem Beweise dieser Kenntniß zuließ —

daß hiermit das Gericht implicite die Behauptung der absoluten Nichtigkeit des Actes negirte;

daß der Cassationskläger gegen dieses Urtheil appellirte und conform seiner zweifachen Klagerichtung seine erste Beschwerde dahin artikulirte, „daß Gr. Bezirksgericht die gegen den Act vom 12. December 1867 vorgeschützte Einrede der absoluten Nichtigkeit mit Unrecht abgewiesen habe" — und eventuell als zweite Beschwerde geltend machte, daß jedenfalls der erste Richter die zum Beweise der Simulation und Fraudulosität des Actes erbotenen Thatsachen hätte relevant erklären müssen —

daß das Obergericht diesen Appell als unbegründet verwarf; in dieser Entscheidung aber nach der hervorgehobenen Artikulirung der Beschwerden nicht blos eine Bestätigung der interlocutorischen Verfügung des erstrichterlichen Urtheils, von welcher das Bezirksgericht allerdings hätte wieder abgehen können, sondern eine definitive Verwerfung der ersten Beschwerde, welche die principale Richtung der Klage reproducirte, liegt, so zwar daß der Cassationskläger nur durch Einwendung eines Rechtsmittels dagegen aufzukommen vermag.

In Erw. daß hiernach die Unzulässigkeits-Einrede zu verwerfen ist.

In Erw. in der Hauptsache das erste Cassationsmittel auf eine Verletzung des Art. 442 des c. de com. und des Artikels 1123 des b. G. B. gestützt wird, indem das Obergericht den Kaufact vom 12. December 1867 — als am Tage des Falliments mit einem der Gläubiger der Masse abgeschlossen — auf den Grund des Art. 442 sofort und ohne Zulassung weiterer Beweise hätte nichtig erklären müssen.

In Erw. daß der Cassationsbeklagte dagegen einwendet, daß „als der Tag des Falliments“ im Sinne des Art. 442 des c. de com. der Tag betrachtet werden müsse, an welchem das Falliment ausgesprochen, nicht aber der Tag, auf welchen es zurückdatirt worden sei.

In Erw. daß nach Art. 437 c. de com. das Falliment mit dem Augenblick der Zahlungseinstellung vorhanden ist, daß mithin im gesetzlichen Sinne der Tag der Zahlungseinstellung auch der Tag des Falliments ist,

daß es zwar nach Art. 441 einer formellen Erklärung des Falliments durch das Handelsgericht bedarf, das Gericht aber den Tag des Ausbruchs desselben auf die Epoche der Zahlungseinstellung festsetzen solle —

daß hiernach der Art. 442 mit den Worten „Tag des Falliments“ nur den Tag gemeint haben kann, auf welchen das Handelsgericht den Ausbruch des Falliments festgesetzt, beziehungsweise zurückdatirt hat —

daß durch diese Annahme auch allein die Absicht des Gesetzgebers erreicht wird, welche offenbar dahin ging, daß das im Augenblick des materiellen Falliments vorhandene Vermögen des Falliten das gemeinschaftliche Befriedigungsobject seiner sämmtlichen Gläubiger bilden und eine Verfügung über dasselbe nicht mehr stattfinden soll, wodurch die Gleichheit der Lage der Gläubiger, so weit sie damals bestand, verändert werden würde,

daß hieraus zugleich folgt, daß ein Verkauf des Falliten an einen Gläubiger, der am Tage des Fallimentsausbruchs von ihm vorgenommen wurde, und der, wie der vorliegende, dahin abzweckt, diesen Gläubiger durch Compensation des von ihm geschuldeten Kaufpreises mit seiner Forderung vor den andern Gläubigern zu befriedigen, auf Antrag des Masse-Syndiks zu annulliren ist, ohne daß der gute oder böse Glaube des Käufers einen Einfluß auf die Gültigkeit des Kaufs eines Objects das der Disposition des Falliten zu Gunsten der übrigen Gläubiger entzogen ist, üben kann.

In Erw. daß dieser Interpretation auch nicht die Bestimmungen der Art. 444 und 445 des c. de com. entgegenstehen, indem dieselben auf den Zeitpunkt vor dem Fallimentsausbruch zurückgreifen, wo der Fallite noch Administrationsbefugniß hatte, und es daher specieller Bestimmungen bedurfte, um die zu dieser Zeit von dem Falliten vorgenommenen Rechtsgeschäfte der Annullation zu unterwerfen,

daß die hier erörterten Grundsätze auch bereits in dem Urtheile des obersten Gerichts vom 10. April in Sachen Bank für Handel und Industrie gegen Schmidt und Ellinger ausgesprochen worden sind,

daß hiernach das Obergericht, indem es die erste Beschwerde des Cassationsklägers als unbegründet verwarf, den Art. 442 des c. de com. verletzt hat, und hiernach das deßfallsige Urtheil zu cassiren ist, ohne daß auf eine Prüfung der weiteren Mittel einzugehen wäre.

In Erw. In Revisorio nach dem eben Gesagten die erste Beschwerde des Revisionsklägers sich als begründet erweist;

daß derselbe heute auf seinen ursprünglichen Antrag auf Räumung des Hauses und Entschädigung für den entzogenen Genuß nicht mehr zurückkommt, vilmehr selbst zugibt, daß der Revise nicht in den Besitz getreten ist, daher das ergehende Urtheil sich darauf zu beschränken hat, unter Aufhebung des bezirksgerichtlichen Urtheils, den erwähnten Kaufact nichtig und das Haus als zu der Fallitmasse König gehörig, zu erklären.

In Erw. die Kosten dem Revisen als unterliegendem Theile zu belasten sind.

Aus diesen Gründen

verwirft Gr. Oberappell.- und Cass.-Gericht, als Cass.-Hof erkennend, die dem Recurse entgegengesetzte Unzulässigkeits-Einrede als unbegründet, cassirt auf den Grund des ersten Mittels das Urtheil des Gr. Obergerichts vom 11. März 1869 und verordnet die Rückgabe der hinterlegten Succumbenzgelder.

In Revisorio auf die Berufung gegen das Urtheil des Gr. Bezirksgerichts Mainz vom 18./21. November

1868 Recht sprechend, hebt das Gericht dieses Urtheil als übel gesprochen auf, von neuem auf die Incidentklage vom 13. November 1868 Recht sprechend, vernichtet es den vor Notar Jäger am 12. Decbr. 1867 zwischen den Eheleuten König und dem Revisen Schleicher abgeschlossenen Kaufact, um wirkungslos zu bleiben, und erklärt das darin verzeichnete Wohnhaus, gelegen in der Stadt Oppenheim, bezeichnet Flur I. Nr. 461 = 37 $\frac{4}{10}$ Klafter, Klasse 24., Reinertrag 32 fl., Horaithe in der Stadt neben Katharine Wipfler und Barbara Weiß mit Garten, Bauplatz und allem An- und Zubehör als zu der Fallitmasse des genannten Joseph König gehörig; verurtheilt den Revisen Schleicher in die Kosten der Cassations- und Revisions-Instanz, sowie in jene der beiden vorderen Instanzen, verordnet die Rückgabe der unter dem 22. Januar 1869 von dem Revisionskläger unter Nr. 10 auf Gr. Obereinnehmerei Mainz hinterlegten Appellstrafe, verordnet die Distraction der Kosten zu Gunsten von Anwalt Levi unter der Auflage der Affirmation, welche dieser sofort bethätigte.

Darmstadt, 6. Dec. 1869. Präs.: Benner.

Ref.: Dr. Röder. Staatsbeh.: Obergerichtsrath Frhr. v. Jungenfeld.

Anwälte: Cass.-Kl. Dr. Levy II. — Cass.-Bekl. Dr. Kramer.

## Irrige aber überflüssige Motivirung. — Cassat.-Recurs.

Wenn ein Urtheil per inconcessum in die Frage einging, ob nicht ganz dieselbe Entscheidung erfolgen müßte, wenn man auch die Art. 1382 und 1383 c. c. in Anwendung bringen, m. a. W., wenn man auch ein vorliegendes Rechtsverhältniß als ein quasi delict behandeln wollte, so können durch ein solches überflüssiges Motiv ein vorher rechtskräftig feststehendes Rechtsverhältniß und die daraus sich ergebenden Folgen nicht alterirt werden.

Bickel c. Bittel.

---

So entschieden in rubricirter Sache durch

### Cassationshofs-Urtheil *)

*) Die Redaction glaubt den Sach- und proceß-geschichtlichen Theil des Urtheils, der das factische Substrat der überschriebenen Entscheidung bildet, nicht aufnehmen zu sollen, verweist vielmehr auf das Urtheil des obersten Gerichts vom 16. Nov. 1868 Bittel c. Bickel. Sammlung vom Jahr 1868, S. 61, der die rechtskräftig gewordene Entscheidung darlegt.

Darmstadt, 20. Dec. 1869. Präs.: Benner.

Ref.: Dernburg. Staatsbeh.: Obergerichtsrath Freiherr v. Jungenfeld.

Anwalt: Cass.-Kl. Dr. Carl Lambinet.

# II.

## A. Urtheile in rheinhessischen Strafsachen.

**Verbreitung von Plänen einer auswärtigen im Großherzogthum nicht concessionirten Lotterie, Aufforderungen oder Anwerbungen für dieselben.**

Auch der Herausgeber, Verleger und Drucker eines politischen oder litterarischen Blattes, der **geschäftlich** aber Annoncen aufnimmt, fällt in die Strafe des Artikels 234 des Polizeistrafgesetzbuchs, wenn er Annoncen aufnimmt, die zum Spiele in einer auswärtigen im Großherzogthum nicht erlaubten Lotterie auffordern; auch für ihn liegt in einer solchen Verbreitung eine verbotene geschäftliche.

**Staatsbehörde c. Kranzbühler.**

---

Wie rubricirt entschieden durch folgendes cassatorische

## Cassationshofs-Urtheil:

In Erw. die vorderen Gerichte ihre, den Cass.-Beklagten von Ladung und Kosten entbindenden Erkenntnisse durch die Ansicht zu begründen suchten, daß das Gesetz nicht schon jeden, der Pläne, Aufforderungen oder Anwerbungen für nicht ausdrücklich erlaubte Lotterieen im Großherzogthume verbreitet, bestraft wissen wolle, sondern zur Strafbarkeit einer solchen Verbreitung noch weiter erfordern, daß der Verbreiter sich aus derselben ein Geschäft mache, was so viel heiße, daß er sich aus der Verbreitung solcher Lotterieen im Großherzogthum einen speziellen Geschäftsberuf geschaffen habe, was man mindestens von dem Verleger und Drucker eines politischen Blattes nicht sagen könne, der in dem für allgemeine Annoncen reservirten Theil seines Blattes eine solche Ankündigung nur einmal aufgenommen habe.

In Erw. die Staatsanwaltschaft am Gr. Obergerichte zu Mainz mit Recht in dieser, dem Art. 234 des Polizeistrafgesetzes gegebenen Interpretation eine üble Anwendung, mithin Verletzung dieses Artikels findet und deren Cassationsrecurs sonach für begründet zu erklären ist, indem für denjenigen, der gewerbsmäßig überhaupt Annoncen gegen Inseratgebühren aufnimmt, das Geschäftsmäßige, welches das Gesetz erfordert, eben in diesem Gewerbe zu finden ist, der Gesetzgeber auch in der That mit seinem Ausdrucke: „sich ein Geschäft daraus macht“, nur den von Strafe befreit wissen will, der etwa zufällig und aus reiner Gefälligkeit Exemplare von Plänen, die ihm von einer solchen unerlaubten Lotterie zukommen, unter seine Freunde in geringer Zahl verbreitet, wo es an jeder geschäftsmäßigen Beziehung fehlt;

Aus diesen Gründen

cassirt Gr. Oberappell.- und Cass.-Gericht, als Cassat.-Hof erkennend, das Urtheil des Gr. Obergerichts zu Mainz vom 18. December 1868, um ohne Wirkung zu bleiben, verweist die Sache an dieses Gericht zurück, erklärt dabei als entschiedene Wahrheit, daß in dem von demselben als erwiesen angenommenen Thatbestand eine Zuwiderhandlung gegen den Art. 234 des Polizeistrafgesetzes liege und verurtheilt den Cassationsbeklagten in die Kosten der Cassationsinstanz, liquidirt auf 12 fl., die Kosten der Ausfertigung des gegenwärtigen Urtheils, die er gleichfalls zu tragen hat, nicht mitbegriffen, die

Entscheidung über die übrigen in dieser Sache entstandenen Kosten dem Gr. Obergerichte vorbehaltend.

Darmstadt, 25. Jan. 1869. Präs.: Benner.

Ref.: Dernburg. Staatsbch.: Gr. G. St. Pr. Substitut Friedrich von Mainz.

---

**Strafbare Verletzung der gesetzlichen Wahl- und Stimmrechte durch Versprechen von Vermögensvortheilen an die Wähler.**

Auch Derjenige macht sich der Verletzung der gesetzlichen Wahl- und Stimmrechte durch Versprechen von Vermögensvortheilen an einen Wähler schuldig, der zwar weder mittel- noch unmittelbar dem Wähler in Bezug auf die Abgabe seiner Stimme einen selbst zu leistenden Vermögensvortheil verspricht, aber das Versprechen gibt sich, wenn der Wähler nach seinem Sinn wählte oder an der Wahl keinen Theil nehme, bei einem Dritten zu verwenden, daß dieser ihm eine Schuld nachlasse, jedoch für den Erfolg seiner Verwendung nicht bürgt.

Staatsbeh. c. Kaisermann.

---

Jacob Kaisermann von Gimbsheim, wurde durch das Großh. Bezirksgericht zu Alzey inhaltlich seines Urtheils vom 25./31. Juli 1868 für überführt erklärt, daß er gelegentlich der in den ersten Tagen des Monats October 1867 in der Gemeinde Gimbsheim angeordneten Gemeinderathswahl und mit Bezug auf diese Wahl gegen den Wähler Jacob Herwig die Aeußerung gethan habe: „Er solle bei der bevorstehenden Wahl Jacob Frühauff schreiben, dann brauche er die von ihm an seinen Stiefbruder zu machenden Herauszahlungen im Betrage von etwa 80 fl. nicht zu zahlen und demgemäß wegen Zuwiderhandlung gegen den Art. 202 des Strafgesetzbuchs, da es in dieser Anstimmung von Kaisermann das Versprechen eines Vermögensvortheils in Bezug auf eine gesetzliche angeordnete Wahl erkannte, in Strafe genommen.

Auf die gegen dieses Urtheil von Seiten des Condemnaten eingelegte Berufung stellte Gr. Obergericht den Thatbestand dahin fest, daß Kaisermann dem Herwig am Abende vor der Wahl gesagt habe, er, Herwig, sei an seinen Stiefbruder in Amerika noch 80 fl. schuldig. Wenn er den Jacob Frühauff III. wähle oder wenn er diesen nicht wählen wolle, alsdann gar nicht abstimmen ginge, so werde er, Kaisermann, sich dafür verwenden, daß er die 80 fl. nicht zu bezahlen brauche", jedoch in einem solchen Anerbieten den Nachlaß einer Schuld vermitteln zu wollen, ohne eine Bürgschaft für den günstigen Erfolg einer solchen Vermittelung zu übernehmen, der eben ganz ungewiß sei, ein verbotenes Versprechen im Sinne des Art. 202 d. St. G. B. nicht zu finden sei und sprach den Appellant von Strafe und Kosten frei.

Gegen dieses Urtheil ergriff Gr. Staatsbehörde den Cass.-Recurs, der auch zu einem cassatorischen Urtheil führt."

## Cassationshofs-Urtheil:

In Erw. daß Gr. Obergericht in dem von ihm festgestellten Thatbestand keinen strafbaren Reat gefunden hat und diese seine Entscheidung dahin motivirte:

„daß der Beschuldigte dem Wähler nicht eine bestimmte Summe Geldes oder sonst einen Vermögensvortheil zum Geschenke angeboten oder versprochen, sondern nur versprochen habe, daß er sich bei einem Andern dafür verwenden wolle, daß Herwig wegen dieser von ihm an einen Dritten geschuldeten Summe nicht angegangen werde; — in einem solchen Anerbieten, den Nachlaß einer Schuld vermitteln zu wollen, ohne eine Bürgschaft für den günstigen Erfolg einer solchen Vermittelung, der ganz ungewiß sei, zu übernehmen, könne kein bestimmtes Versprechen im Sinne des Art. 202 des Strafgesetzbuchs gefunden werden, indem es immer von dem Willen des Gläubigers abgehangen hätte, auf Zahlung der Schuld zu bestehen, und Herwig dann keinen Vermögensvortheil von dem Versprechen des Appellanten gehabt, und jener nach wie vor zur Zahlung der 80 fl. hätte angehalten werden können, so daß der objective Thatbestand des dem Beschuldigten zur Last gelegten Vergehens nicht feststehe."

In Erw. daß jedoch der Art. 202 in keiner Weise bestimmt, wie das einem Wähler gemachte Versprechen in formeller oder materieller Beziehung beschaffen sein müsse, um einen strafbaren Charakter anzunehmen, — derselbe vielmehr ganz allgemein jedes Versprechen eines Vermögensvortheils an den Wähler — mittelbar oder unmittelbar — für gerade so strafbar erklärt, wie die reelle Hingabe eines Geschenks an denselben;

daß der Gesetzgeber durch diese allgemeine Fassung jede, wie immer geartete Einwirkung, welche durch pekuniäre Mittel auf die freie Willensbestimmung der Wähler versucht werden könnte, verhindern wollte,

daß bei dieser Intention, welche auch den Worten des Gesetzes, mittelbar oder unmittelbar hinlänglich angedeutet ist, es zur Strafbarkeit genügt, wenn, wie dieß im Fragefall geschehen, dem Wähler in Bezug auf eine gesetzlich angeordnete Wahl ein Versprechen gegeben worden ist, durch dessen Erfüllung derselbe nach den gegebenen concreten Verhältnissen mit mehr oder weniger Wahrscheinlichkeit einen Vermögensvortheil erlangen kann, — und es dann einerlei ist, ob die wirkliche Erreichung des versprochenen Vermögensvortheils lediglich von dem Willen des Versprechenden oder zugleich von der Zustimmung eines Dritten abhängt, da in dem einen, wie in dem anderen Falle, das freie Wahlrecht des Wählers beeinflußt werden soll und je nach der Individualität desselben auch beeinflußt werden kann;

daß demnach das angegriffene Urtheil, indem es den seiner Entscheidung zu Grunde gelegten objectiven Thatbestand für nicht strafbar erklärte, den Art. 202 des Strafgesetzbuchs verletzt, beziehungsweise übel angewendet hat, — der Recurs der Gr. Staatsbehörde daher sich als begründet darstellt, das angegriffene Urtheil zu vernichten und die Parthieen unter dem Ausspruch der entschiedenen Wahrheit vor das Obergericht zurückzuverweisen sind; —

daß die Kosten dieser Instanz dem Cass.-Beklagten zu belasten sind.

Aus diesen Gründen

cassirt Gr. Oberappellations- und Cassations-Gericht, als Cassationshof erkennend, das Urtheil des Großh. Obergerichts in Mainz vom 11./12. December 1868, um ohne Wirkung zu bleiben, und verurtheilt den Cass.-Beklagten in die Kosten der Cassations-Instanz, liquidirt auf 24 fl. 2 kr., die Kosten der Ausfertigung des gegenwärtigen Urtheils nicht mitbegriffen, welche er gleichfalls zu tragen hat.

Erklärt als entschiedene Wahrheit, daß die dem obergerichtlichen Urtheile unterstellten thatsächlichen Verhältnisse des im Art. 202 des Strafgesetzbuchs vorgesehene Vergehen der Verletzung der gesetzlichen Wahl- und Stimmrechte bilde, — und verweist im Uebrigen die Sache und die Parthieen an das Obergericht zurück, um dort weiter erkannt zu werden, was Rechtens.

Darmstadt, 25. Jan. 1869. Präs.: Benner.

Ref.: Dr. Röder. Staatsbeh.: Obergerichtsrath Frhr. v. Jungenfeld.

## Verbotenes Fahren über fremdes Feld vor eingethaner Erndte. — Einrede: feci sed jure feci.

**Excipirt ein wegen verbotenen Fahrens über fremdes noch nicht abgeerndtetes Feld vor dem Feldrügegericht verfolgter Inclavist mit der Exception: feci sed jure feci, angebend es stehe ihm als solcher nach Art. 682 c. c. das dingliche Recht zu über das fremde Feld zu fahren, so kann der Strafrichter, wenn er nicht den Einwand als frivol abweisen kann, in den materiellen Werth der Einrede nicht eingehen, muß vielmehr den Präjudicialpunkt vorerst vor den competenten Civilrichter verweisen.**

Staatsbeh. c. Deforth.

---

Gegen Martin Deforth zu Framersheim wurde am 3. September 1868 durch den Feldschützen ein Feldrügeprotocoll errichtet, weil derselbe am vorhergehenden Tage in der Gemarkung Köngernheim über das noch nicht abgeerndtete Grundstück des Johann Müller gefahren sei, und demselben einen Schaden von 12 fl. zugefügt habe. Vor das Feldrügegericht gestellt behauptete Deforth inhaltlich des Urtheils desselben Gerichts vom 16. October 1868, daß sein Grundstück eine sogenannte Inclave bilde, daß er seit Jahr und Tag sich im ungestörten nicht precären Verjährungsbesitze der Ausübung des ihm nach Art. 682 c. c. zustehenden Uebergangsrechts (droit de passage) über den Acker von Johann Müller befinde, und erbot sich zum Beweise dieser seiner Behauptung. Das Gericht ließ ihn auch zu diesem Beweise zu, den die Gr. Staatsbehörde als unzuläſſig bestritten hatte und entband ihn durch weiteres Urtheil vom 18. December darauf von Ladung und Kosten auf den Grund hin, daß im Sinne des Gesetzes ein unbefugtes Fahren über fremdes Feld nicht erwiesen sei.

Gegen dieses Urtheil erklärte die Gr. Staatsbehörde den Cassationsrecurs an das oberste Gericht, welches denselben durch cassatorisches Urtheil als begründet annahm.

## Cassationshofs-Urtheil:

In Erw. in der gegen den Cassationsbeklagten, wegen der ihm imputirten Zuwiderhandlung gegen die Art. 51 und 54 des Feldstrafgesetzes, am Großh. Friedensgericht zu Alzey, als Feldrügegericht, den 16. October v. J. stattgehabten Verhandlung, derselbe zwar geständig war, über das Feld von Müller gefahren zu sein, seine Freisprechung aber auf den Grund beantragte, daß er zu dem, was er gethan, berechtigt gewesen sei, indem sein Grundstück eine sogenannte Inclave bilde, ihm sohin schon vom Gesetze selbst, ohne daß es eines Vertrags oder Richterspruchs bedürfe, ein dingliches Recht, über das Grundstück des ihn von dem öffentlichen Wege abschließenden Nachbars seinen Uebergang zu nehmen, eingeräumt sei, und er auch wirklich seit Jahr und Tag sich in dem nicht precären ersitzungsmäßigen Besitze befunden, den Weg so zu nehmen, wie er ihn genommen habe, und sich zum Beweise dieser Thatsache erbot, dessen Zulässigkeit die Staatsbehörde zwar bestritten, den das Gericht aber in seinem Urtheil vom 18. December abhin, das System des Cassationsbeklagten adoptirend, zuließ, und, auf Vernehmung der vom Cassationsbeklagten producirten Zeugen, diesen von Ladung und Kosten entbunden hat.

In Erw. dieses Urtheil durch die Staatsbehörde am Gr. Feldrügegericht zu Alzey mit dem Rechtsmittel des Cassationsrecurses angegriffen wurde, welchen Recurs sie inhaltlich ihrer anhero eingereichten Denkschrift durch die Behauptung zu rechtfertigen sucht, daß der Art. 682 nicht so, wie der Richter angenommen habe, dem Inclavirten ein dingliches Recht constituire, dessen Modus durch Ersitzung erworben und daher auch Gegenstand eines Rechtsbesitzes werden könne, das Gesetz vielmehr denselben nur berechtige, wenn ihm der Nachbar nicht vertragsweise den Uebergang über sein Grundstück verwillige, sich ein solches von Richteramtswegen constituiren zu lassen.

In Erw. zwar das oberste Gericht hier im Strafverfahren um die Entscheidung von civilrechtlichen Fragen über Recht und Besitz angegangen wird, über welche es auf diesem

Wege zu erkennen nicht competent ist, aber eben auf den Grund absoluter Incompetenz des Strafrichters, solche Fragen vor sein Forum zu ziehen und darüber zu entscheiden, das Urtheil a quo cassirt werden muß, weil es in den Amtspflichten des judex a quo lag, sobald er den Einwand des Cassationsbeklagten nicht als leere Ausflucht erkannte, das Strafverfahren zu sistiren und den Excipienten auf den Civilweg zu verweisen, ihm jedoch eine Frist zu setzen, binnen welcher er den in der Sache competenten Richter mit der Entscheidung des vorliegenden Punktes zu befassen habe.

Aus diesen Gründen

cassirt Gr. Oberappellations- und Cassationsgericht, als Cassationshof erkennend, das Erkenntniß des Gr. Friedens-Gerichts zu Alzey, als Feldrügegerichts v. 18. December abhin, als von einem absolut incompetenten Richter erlassen, um ohne Wirkung bleiben, — erklärt, daß es der Fall sei, das Strafverfahren bis dahin zu sistiren, wo der strittige Civilrechtspunkt vor dem competenten Civilrichter seine Erledigung gefunden haben wird, und dem Cassationsbeklagten einen Termin zu bestimmen, binnen welchem er den Civilrichter um dessen Entscheidung anzugehen habe, — verweist sonach die Sache und die Parthieen vor das Gr. Feldrügegericht zu Wörrstadt, um dort weiter verhandelt und entschieden zu werden, was Rechtens, und verurtheilt den Cassationsbeklagten in die Kosten dieser Instanz, liquidirt auf 3 fl. 27 kr., die Kosten der Ausfertigung des gegenwärtigen Urtheils, die er gleichfalls zu tragen hat, nicht mitbegriffen, die Entscheidung über die übrigen Kosten dem Richter, an den die Sache verwiesen ist, vorbehaltend.

Darmstadt, 25. Jan. 1869. Präs.: Benner.

Ref.: Dernburg. Staatsbeh.: Obergerichtsrath Freiherr v. Jungenfeld.

Anwalt: Cass.-Bekl. Dr Levy.

**Negativer Jurisdictions-Conflict. — Bezeichnung des competenten Rechten (reglement des juges).**

Wird ein Beschluß der Rathskammer, welcher eine Sache vor das Bezirksstrafgericht verweist rechtskräftig, und erläßt dieses Gericht ein Strafurtheil in der Sache, wird aber auf eingelegte Berufung das Urtheil des Bezirksstrafgerichts, weil die Sache vor den Assisenhof gehört, als incompetenter erlassen aufgehoben; so liegt ein negativer Jurisdictionsconflict vor, den das oberste Gericht durch Bezeichnung des competenten Richters zu lösen hat.

Staatsbeh. c. Arnold Miltenburger.

---

## Cassationshofs-Urtheil:

In Sachen der Gr. Staatsbehörde, als von Amtswegen verfolgenden Theils

gegen

Johann Arnold Miltenburger, 31 Jahre alt, Schreiner, wohnhaft in Mainz, beschuldigt der vorsätzlichen Gefährdung des Eisenbahnbetriebs,

nach Ansicht

1) des Beschlusses der Rathskammer Gr. Bezirksgerichts Mainz vom 16. December 1868,
2) des Urtheils dieses Gerichts vom 20. Januar 1869,
3) des Urtheils Gr. Obergerichts vom 26. Februar 1869,
4) der Denkschrift der Gr. Staatsbehörde an diesem Gerichte vom 10. März 1869.

Nach Anhörung des von dem bestellten Referenten, Großh. Oberappellations- und Cassations-Gerichts-Rath Dr. Röder, erstatteten Vortrags;

sowie nach Vernehmung der Staatsbehörde, welche den Antrag stellte:

Hoher Cassationshof wolle in Erkenntniß über den vorliegenden Conflict im Wege des réglement des juges, den Rathskammerbeschluß Gr. Bezirksgerichts Mainz vom 16. December 1868, wodurch Arnold Miltenburger wegen des ihm zur Last gelegten Vergehens gegen das Gesetz vom 15. Mai 1852 zur Aburtheilung vor das Bezirksgericht Mainz verwiesen wurde, aufheben, um ohne Wirkung zu bleiben, die Sache wegen dieser nach dem erwähnten Gesetze strafbaren Handlung an die Anklagekammer des Gr. Obergerichts verweisen, damit diese dem Gesetze gemäß erkenne, und wenn sie zureichende Belastungsmittel gegen den Beschuldigten findet, Urtheil erlasse, durch welches derselbe zur Aburtheilung vor das Assisengericht verwiesen werde, und demnächst weiter ergehe, was Rechtens;

und nach gepflogener Berathung;

In Erw. Johann Arnold Miltenburger durch Beschluß der Rathskammer Gr. Bezirksgerichts Mainz vom 16. Decbr. 1868 unter der Anschuldigung, rechtswidrig mit Vorsatz in einem im Laufe begriffenen Zug der hessischen Ludwigs-Eisenbahn auf der Strecke zwischen Nauheim und Bischofsheim die Bremse eines Personenwagens zugedreht und dadurch den mit diesem Zuge beförderten Personen und Sachen Gefahr bereitet zu haben, vor das Gr. Bezirksgericht II. Section daselbst zur Aburtheilung verwiesen worden, daß dieser Rathskammerbeschluß Mangels eines dagegen ergriffenen Rechtsmittels in Rechtskraft übergegangen ist,

daß Gr. Bezirksgericht daraufhin durch Urtheil v. 20. Jan. 1869 den Beschuldigten unter Annahme mildernder Umstände in Anwendung des Art. 1 des Gesetzes vom 15. Mai 1852 und des Art. 114 u. 116, Nr. 5 des Strafgesetzbuchs in eine Gefängnißstrafe von sechs Wochen und in die Kosten verurtheilte,

daß auf eingelegte Appellation der Staatsbehörde Gr. Obergericht dieses Urtheil als incompetenter erlassen aufhob, und das thuend, was der erste Richter hätte thun sollen, sich incompetent erklärte, über die Sache zu erkennen,

daß auch dieses Urtheil rechtskräftig geworden ist;

daß demnach zwei in Rechtskraft übergegangene richterliche Entscheidungen sich gegenüber stehen — der Rathskammerbeschluß vom 16. December 1868 und das obergerichtliche Urtheil vom 26. Februar 1869, daß die Staatsbehörde am Gr. Obergerichte zur Beseitigung des hiernach vorliegenden negativen Conflictes und zur Bestimmung des ordentlichen Richters in Gemäßheit der Art. 525 u. 526 der peinlichen Proceßordnung durch Denkschrift v. 10. März l. J. das Rechtsmittel des réglement des juges hierher ergriffen hat, damit der Richter bezeichnet werde, der in der Sache zu erkennen hat.

In Erw. in Erkenntniß über dasselbe der Art. 1 des Gesetzes vom 26. April 1852 unter I. c. diejenigen strafbaren Handlungen, welche im Strafgesetzbuch mit einer zeitlichen Zuchthaus- und gleichzeitig alternativ mit Correctionshausstrafe, oder mit Correctionshausstrafe allein, insofern die eine oder die andere dieser Strafe im Maximum das Maas von 5 Jahren übersteigt, bedroht sind, als zur Competenz der Assisen gehörig bezeichnet;

daß das Gesetz vom 15. Mai 1852 nach Art. 13 als ein Theil des Strafgesetzbuchs zu betrachten ist;

daß der Art. 1 dieses Gesetzes die dem Beschuldigten Miltenburger zur Last gelegte Thathandlung mit Correctionshaus bis zu 3, oder Zuchthaus bis zu 10 Jahren bedroht; die Aburtheilung derselben demnach zur Competenz der Assisen gehört und unter diesen Verhältnissen der vorliegende Conflict dadurch beseitigt werden muß, daß der Beschluß der Rathskammer, wodurch Miltenburger wegen des fraglichen Vergehens vor das Bezirksgericht verwiesen wurde, annullirt, und die Sache vor die Anklagekammer des Gr. Obergerichts in Mainz verwiesen wird, damit diese unter Berücksichtigung der Entscheidung des obersten Gerichts dem Gesetze gemäß erkenne.

Aus diesen Gründen:

Indem Gr. Oberappellations- und Cassationsgericht, als Cassationshof erkennend, über die Klage auf Bezeichnung des zuständigen Richters zu Recht erkennt, vernichtet es den Beschluß der Rathskammer des Gr. Bezirksgerichts in Mainz vom 16. December 1868, wodurch der Beschuldigte Miltenburger wegen des ihm zur Last gelegten Vergehens vor das Gr. Bezirksgericht Mainz zur Aburtheilung verwiesen wurde, verweist die Sache vor die Anklagekammer des Gr. Obergerichts zu Mainz, damit diese dem Gesetze gemäß erkenne, und falls sie hinreichende Belastungsmittel dafür findet, daß der Beschuldigte sich der ihm zur Last gelegten strafbaren Handlung schuldig gemacht habe, Urtheil erlasse, durch welches Derselbe vor die Assisen zur Aburtheilung verwiesen wird.

Darmstadt, 22. März 1868. Präs.: Benner.

Ref.: Dr. Röder. Staatsbeh.: Gr. Oberger.-Rath Freiherr v. Jungenfeld.

---

**Entschiedene Rechtswahrheit. — Zurückverweisung an das vordere Gericht. — Thatsächliche Grundlage.**

Wird ein Urtheil des Obergerichts cassirt, weil unter dem Werthe der in demselben unterstellten thatsächlichen Verhältnisse das Gesetz unrichtig angewendet worden sei, und mit dieser unter den Partheien festgestellten Rechtswahrheit die Sache wieder zur weiteren Entscheidung an das vordere Gericht zurückverwiesen, so muß dasselbe die thatsächliche Grundlage von Neuem prüfen; bezüglich des Beweises der factischen Grundlage liegt eine Rechtskraft nicht vor.

Staatsbeh. c. Kaisermann.

---

Bezüglich der früheren Sach- und Proceßverhältnisse verweist man auf das Urtheil des obersten Gerichts vom 25. Januar 1869.*)

---

*) s. ob. S. 5.

Als die Sache wieder zurück an das Gr. Obergericht gelangte, verwarf dieses Gericht in seinem Urtheile vom 8. März dieses Jahres den Antrag der Vertheidigung und jenen der Staatsbehörde. „Nach dem Ausspruche des Cassationshofs über den objectiven Charakter des Thatbestands und die Zurückweisung der Sache an das Obergericht in die noch nicht stattgehabte Prüfung des subjectiven Thatbestandes, resp. der Beweisfrage anzugehen und hierüber zur Verhandlung zu schreiten", als unzulässig und schließlich auch die Appellation des Beschuldigten gegen das condemnatorische Urtheil des Gr. Bezirksstrafgerichts zu Alzey vom 25./31. Juli 1868 als unbegründet unter Verurtheilung desselben in die Kosten.

Gegen dieses Urtheil ergriff nunmehr der Verurtheilte das Rechtsmittel der Cassation, das auch für begründet erklärt wurde.

## Cassationshofs - Urtheil:

In Erw. das Urtheil dieses Gerichts vom 25. Januar 1869, das Urtheil des Gr. Obergerichts vom 11./12. Decbr. 1868 cassirt und als entschiedene Wahrheit erklärt hat:

„daß die dem obergerichtlichen Urtheile unterstellten thatsächlichen Verhältnisse das im Art. 202 des Strafgesetzbuchs vorgesehene Vergehen der Verletzung der gesetzlichen Wahl und Stimmrechte bilde,"

und die Sache und die Parthieen an das Obergericht zurückverwies, um dort weiter erkannt zu werden, was Rechtens,

daß nach Art. 6 des Gesetzes vom 2. August 1842 das durch die Verweisung mit der Sache befaßte Gericht den decisiven Theil des Erkenntnisses des obersten Gerichts unter den Parthieen als rechtskräftig zu betrachten, das Weitere aber zu entscheiden hat,

daß das obergerichtliche Urtheil vom 11./12. December 1868 über die Beweisfrage nicht entschieden hatte,

daß die Annahme des Obergerichts in dem Urtheile vom 5. März 1869, als habe der Cassationshof die Beweisfrage als eine in dem früheren obergerichtlichen Urtheile bereits entschiedene behandelt, resp. selbst entschieden durch den klaren Inhalt obigen Decisums, durch die Motive dazu und die ganze Lage des Processes widerlegt wird,

daß daher das Obergericht verpflichtet war, in die Prüfung der Beweisfrage einzugehen; indem es gleichwohl den deßfallsigen übereinstimmenden Antrag der Staatsbehörde und der Vertheidigung als unzulässig abgewiesen und in einem zweiten Urtheile ohne Prüfung der Beweisfrage den Appell von Kaisermann als unbegründet verworfen hat, den erwähnten Art. 6, sowie die Rechte der Vertheidigung verletzt und seine Gewalt überschritten hat,

daß daher die beiden Urtheile zu cassiren sind, und dem Obergerichte aufzugeben ist, vor Allem in die Prüfung der Beweisfrage einzugehen, sodann unter Berücksichtigung der in dem decisiven Theil des Urtheils des obersten Gerichts vom 25. Januar 1869 entschiedenen Wahrheit weiter zu erkennen, was Rechtens.

Aus diesen Gründen

cassirt das Gr. Oberappellations- und Cassationsgericht, als Cassationshof erkennend,

das Urtheil des Gr. Obergerichts vom 5. März 1869, welches den Antrag der Vertheidigung und der Staatsbehörde, auf die Beweisfrage einzugehen, als unzulässig abgewiesen hat,

cassirt deßgleichen das hierauf erlassene Urtheil des Obergerichts von demselben Tage, welches die Berufung des Beschuldigten Kaisermann als unbegründet abgewiesen und ihn in die durch dieselbe entstandenen Kosten verurtheilt hat,

erklärt, daß beide Urtheile ohne Wirkung bleiben sollen,

und verordnet die Rückgabe der hinterlegten Succumbenzgelder,

weist die Sache an das Obergericht zurück, damit dasselbe vorerst über die Beweisfrage und sodann unter Zugrundelegung der in dem Urtheile des obersten

Gerichts vom 25. Januar 1869 entschiedenen Wahrheit in der Hauptsache weiter erkenne, was Rechtens.

Darmstadt, 26. April 1869. Präs.: Benner.

Ref.: Dr. Röder. Staatsbeh.: Gr. O. G. Rath Frhr. v. Jungenfeld.

Adv. des Cass.-Kl.: Dr. Levy I.

---

**Notification des Cassationsrecurses in Gefolge Artikel 418 c. d'inst. crim. — Rechtsmittel in Defraudationssachen von Seiten der Ober-Zoll-Direction. — Zolldeclaration. — Animus defraudandi.**

1) Die dreitägige Frist, welche der Artikel 418 c. d'inst. crim. für die Notification eines von der Staatsbehörde oder der Civilparthie gegen ein Strafurtheil ergriffenen Cassationsrecurses an die Gegenparthie gibt, ist nicht peremtorisch, ihre Verspätung zieht keine Desertion nach sich.

2) Die Oberzolldirection ist zulässig den Cassat.-Recurs gegen ein in Zolldefraudationssachen ergangenes Urtheil zu ergreifen.

3) Die Declaration, welcher derjenige, der Waaren aus dem Zollvereinsausland in das Gebiet des Zollvereins einführt, abzugeben hat, muß nicht nur die Menge und die Art der einzuführenden Waaren, sondern auch die Spezies

wie solche die Zollverordnung zum Zwecke der Zollerhebung und zur Bestimmung der Höhe des Eingangszolles classificirt, unter Strafe der Defraudation enthalten; so ist der Defraudant, welcher Chromroth unter der Benennung: Farbe — Persisches Roth — einführt.

4) Es reicht zur Strafbarkeit der falschen defraudirenden Erklärung die objective Handlung hin; der Animus defraudandi ist gleichgültig.

**Ober-Zoll-Direction und Staatsbeh. c. Huppert und Menges Dampfschifffahrts-Verein.**

---

Durch Vorladung vom 18. März 1868 wurde von Seiten der Gr. Oberzolldirection zu Darmstadt eine Verfolgung gegen Wilhelm Huppert zu Kempten, Schiffer und Führer des Schleppkahns Mainz Nr. 14 des Mainzer Schlepp-Dampfschifffahrts-Vereins, Verfolgungen angestellt wegen einer von dem Schiffer Huppert verübten Zolldefraudation dadurch verübt, daß derselbe als Schiffer und Führer des erwähnten Kahns bei seinem Eintritt aus dem Zollvereinsauslande in das Zollvereinsgebiet am 14. Juni 1867 bei dem Hauptzollamte Emmerich den Inhalt zweier als Ladung eingeführten Fässer als „Farbe (Persisches Roth)“ declarirte, welcher Inhalt sich bei der Zollrevision zu Mainz als Chromroth darstellte, welches nach Nr. 5. Lit. a. Anmerkung 6 des Zolltarifs vom 1. Juli 1865 2 fl. 37½ kr. per Zollcentner steuerpflichtig, während persisches Roth nach Nr. 7 daselbst steuerfrei ist. Der Schlepp-Dampfschiff-Verein wurde als civilverantwortlich mit in den Proceß gezogen.

Nach mehrfach fortgesetzter Verhandlung hat das Polizeigericht durch Urtheil vom 18. Juli 1868 den Huppert in die gesetzliche Strafe verurtheilt, die Confiscation der falsch declarirten Waare ausgesprochen, den Defraudanten in die Proceßkosten verfällt, und den Mainzer Dampfschleppschifffahrts-Verein für civilverantwortlich erklärt.

Auf eingelegte Berufung gegen dieses Urtheil hat Gr. Bezirksgericht zu Mainz vom 29. Januar 1869 jenes Urtheil aufgehoben, und die Appellanten von Ladung und Kosten freigegeben.

Gegen dieses Urtheil ergriff die Oberzolldirection den Cass.-Recurs an das oberste Gericht, welches nach stattgehabten Verhandlungen das bezirksgerichtliche Urtheil wieder herstellte.

## Cassationshofs-Urtheil:

In Erw. die Cassationsbeklagten in erster Reihe den Antrag dahin stellten, das Gericht wolle den Recurs als desert erklären, einen Antrag, den sie auf den Art. 418 der in Rheinhessen geltenden peinlichen Proceß-Ordnung zu stützen versuchten, in welchem bestimmt ist, daß die nach Artikel 417 abgegebene Recursanmeldung binnen drei Tagen der Gegenparthie notificirt werden soll (sera notifié dans le delai de trois jours) was vorliegend nicht geschehen ist.

In Erw. aber das Gesetz keine Verlustigkeitserklärung an die Verspätung dieser Notification knüpft, der Richter daher auch nicht befugt ist, eine solche daran zu knüpfen.

In Erw. dieselben gegen den Recurs in der heutigen Sitzung auch darauf eine Unzulässigkeits-Einrede stützten, weil in Ermangelung eines Recurses Seitens der Staatsbehörde, der Oberzolldirection, da sie nur die Stellung der Civilparthei in solchen Processen habe, was die Strafen und die Confiscation angehe, das Recht des Cassationsrecurses nicht zustehe.

In Erw. zwar die Oberzoll-Direction bei der Verfolgung der Defraudanten nach den für die Civilparthei bestehenden Vorschriften zu verfahren hat, was aber nicht ausschließt, daß es ihr zukömmt, alle Interessen des Zollfiscus als Geldstrafen und Confiscation bei Gericht zu vertreten, daher auch diese Einrede verworfen werden muß;

Art. 6 des Gesetzes vom 29. October 1830. Art. 29 des dritten Theils der Zollverordnung vom 9. März 1838.

In Erw. zur Hauptsache die Oberzoll-Direction in einer durch ihren Fiscal-Anwalt hierher eingereichten Denkschrift vom 14. dieses Monats sich über üble Anwendung, beziehungsweise Verletzung der Zollordnung vom 9. März 1838 in ihren §. 4. I. Theil, 1. Abschnitt — §. 14 I. Theil, 2. Abschnitt und §. 30. II. Theil, 3. Abschnitt — §. 6. Lit. c. II. Theil, 1. Abschnitt — §. 6. Nr. 1. Lit. a. und den zweiten Absatz dieses §. III. Theil, 1. Abschnitt, welches Cassationsmittel sich als begründet bewährt.

In Erw. nämlich das vordere Gericht als thatsächlich feststehend angenommen hat, daß der Inhalt der in Rede stehenden Fässer wirklich Chromroth war, daß es ebenso als in facto constant annahm, daß das amtlich auf Grund des Tarifs vom 1. Juli 1865 verfertigte Waarenverzeichniß folgende Einträge enthält (Chromroth oder Chromgelb) chromsaures Bleioxyd, Zolltarif Nr. 5 Lit. a. Nr. 6, und Persianroth (Farbenerde) Zolltarif Nr. 7 Erden (zollfrei), dasselbe aber nichts destoweniger eine Defraudation als nicht vorliegend erkannte, und zwar nicht, wie die Cassationsbeklagten unterstellen, aus factischen Gründen, sondern auf Grund der Annahme, daß nach dem §. 30 des ersten Theils zweiten Abschnitts der Zollverordnung vom 9. März 1838 nur die Menge und Art der Waare genau und vollständig angegeben (declarirt) werden müßten; und nach §. 6 Eingang und Nr. 1 Lit. a. aber die Contrabande oder Defraudation dann als vollbracht angenommen werde, wenn Gewerbtreibende oder Frachtführer verbotene oder abgabepflichtige Gegenstände gar nicht oder in zu geringer Menge oder in einer Beschaffenheit die nur eine geringere Abgabe würde begründet haben declariren; daraus aber folgt, daß für die Richtigkeit der Declaration, wesentlich nur die richtige Angabe der Gattung der Waare erscheine, und es nicht nöthig sei, auch die Spezies der Waare anzugeben, die unter der Hauptnummer des Artikels figurirt; unter der Hauptnummer des Tarifs erscheine aber unterliegend unter Nr. 5 „Farbe-Waaren" — und unter Nr. 7 „Erden", und da Farbe angegeben sei, so entspreche die Declaration dem Willen des Gesetzes. Wollte man jedoch auch annehmen, daß eine Waarenspecies in der Declaration angegeben werden müsse, so könne doch eine Defraudation nicht angenommen werden, weil in der Declaration als Farbe (persisch Roth) jedenfalls Farbe declarirt sei, eine Waare, die keine geringere, sondern eine höhere Abgabe, nämlich 5 fl. 50 kr. per Zollzentner zu bezahlen habe; wenn der Declarant hätte defraudiren wollen, er nicht Farbe, sondern Farb-Erde hätte declariren müssen;

In Erw. jedoch diese Auffassung mit dem Gesetze nicht übereinstimmt, dasselbe vielmehr verletzt. Der Art. 4, ersten Theils, ersten Abschnitts der Zollverordnung lautet nämlich: „Von den eingehenden fremden Waaren wird ein Eingangszoll erhoben, dessen Höhe, so wie die von demselben ganz befreiten Gegenstände die Erhebungsrolle nachweist;" dem schließt sich der

§. 14 an, in seiner Bestimmung „zur richtigen Anwendung des Zolltarifs, dient das amtlich bekannt zu machende Waaren-Verzeichniß, welches die einzelnen Waaren-Artikel nach ihren im Handel oder sonst üblichen Benennungen in alphabetischer Ordnung aufzählt und den auf jeden derselben anzuwendenden Tarifsatz bezeichnet," endlich der zweite Abschnitt des zweiten Theils des Tarifs ausdrücklich gebietet: „die Declaration muß enthalten die Menge und Gattung der Waaren für jedes Colli nach den Benennungen und Maßstäben des Tarifs," und aus dieser Zusammenstellung sich unverkennbar ergiebt, daß die Declaration dem amtlich bekannt gemachten Waarenverzeichniß genau entsprechen muß, daher bei der Abfassung derselben nicht blos die Gattung, sondern auch die einzelne Spezies nach dem Maßstabe des Tarifs und des amtlichen Waaren-Verzeichnisses angegeben sein muß, demnach eine Declaration, wie die vorliegende, welche statt Chromroth anzugeben, wie der Inhalt der wirklich eingeführten Waare im amtlichen Verzeichniß benannt ist, „Farbe persisch roth" declarirt, ein Inhalt, den das amtliche Verzeichniß unter Nr. 7 subsummirt, dem Gesetze nicht entspricht, sonach die Strafbestimmung des §. 6 Nr. 1. Lit. a. ihre volle Anwendung finden muß, die übrigens ebenso unzweideutig die Contrebande oder Defraudation als vollbracht annimmt, wenn die Waare in einer Beschaffenheit, die eine geringere Abgabe begründen würde, declarirt wird; daß aber Chromroth und Persisch Roth Waaren von verschiedener Beschaffenheit sind, ist an und für sich nach dem amtlichen alphabetischen Verzeichnisse nicht zu bezweifeln;

In Erw. wenn das Bezirksgericht noch ferner auf den Inhalt der Expertise Rücksicht nimmt, worin der Experte, ohne daß er darüber gefragt wurde, (denn es wurde ihm ausdrücklich gesagt, er habe seine Antwort nur auf die Frage zu beschränken, ob der Inhalt der in Beschlag genommenen Fässer Chromroth oder persischroth sei) den Zusatz machte, daß eine in England fabricirte mit dem Namen Persian-Red zu Deutsch als persisch-roth bezeichnete Farbe vielfach vorkomme und ihm, dem Experten, eine Farbenerde gleichen Namens nicht bekannt sei und daraus argumentiren zu wollen scheint, daß eigentlich Persisch-roth und Chromroth als identische Farben zu behandeln seien, dasselbe wieder mit dem Gesetze in Widerspruch kommt, weil die Declaration sich streng an das amtliche Verzeichniß zu halten hat und an die Maßstäbe des Tarifs, nicht aber an das, was man in England unter fabricirtem Persisch-roth versteht;

In Erw. endlich das Bezirksgericht in seinem Schluß-Considerant noch dahin weist, daß jedenfalls nach der Aeußerung des Experten der animus defraudandi nicht sicher gestellt sei, dasselbe aber damit in Widerspruch mit dem zweiten Absatz des Art. 6. III. Theil der Zollordnung kommt, welche wie dies überhaupt allgemein in allen Steuerdefraudationsfällen zutrifft, klar bestimmt, daß die rein objektive Thatsache einer falsch befundenen Declaration zur Straf-Anwendung genüge;

In Erw. demnach das Urtheil a quo zu cassiren und in revisorio die Appellation der Revisen gegen die Urtheile erster Instanz als unbegründet zu verwerfen ist, was natürlich die Kosten-Condemnation derselben zur Folge haben muß.

## Aus diesen Gründen

cassirt Gr. Oberappellations- und Cassations-Gericht, als Cassationshof erkennend, unter Verwerfung der dem Recurse entgegengesetzten Einrede der Desertion und der Einrede der Unzulässigkeit der Ober-Zoll-Direction als angeblich bloßer Civilparthei bezüglich der Zollstrafen das Rechtsmittel der Cassation zu verfolgen als unbegründet, das Urtheil des Gr. Bezirksgerichts zu Mainz vom 29. Januar 1869, um nichtig und ohne Wirkung zu bleiben; verwirft in revisorio Recht sprechend, die von den Revisen durch Act v. 19. Aug. 1868 gegen die Urtheile des Gerichts erster Instanz ergriffene Appellation als unbegründet und verurtheilt die Cassat.-Beklagten und Revisen in die Kosten der Cassations-, Revisions- und Appellations-Instanz, die Kosten der Ausfertigung dieses Urtheils mitbegriffen, die Jene gleichfalls zu tragen haben.

Darmstadt, 31. Mai 1869. Präs.: Benner.

Ref.: Dernburg. Staatsbeh.: Obergerichtsrath Frhr. v. Jungenfeld.

Cass.-Kläger Gr. Oberfinanzrath Betz — Cass.-Bekl. Adv.-Anw. Krämer.

**Störung der Sonntagsfeier und des Gottesdienstes. — Dringende Fälle.**

1) Die Frage, ob ein im Sinne des Art. 224 des Polizeistrafgesetzbuchs dringender Fall vorliegt, in welchem eine sonst wegen Störung der Sonntagsfeier und des Gottesdienstes verbotene öffentliche und geräuschvolle Handthierung nachgesehen werden kann, ist dem vernünftigen richterlichen Ermessen überlassen.

2) Dahin kann auch das Abholen von Eilgut mit Wagen und Pferde von der Eisenbahn am Sonntage gezählt werden.

Staatsbeh. c. Kessel u. Bayerthal.

---

Gegen Christoph Kessel, Dienstknecht und dessen Dienstherr Eduard Bayerthal, wurde eine Untersuchung eingeleitet wegen Contravention gegen den Art. 224 d. Pol. St. G. B. am Gr. Friedensgerichte zu Oppenheim, der denselben imputirte Reat soll darin bestanden haben, daß ersterer am Sonntag den 18. April 1869 des Morgens zwischen 7 u. 8 Uhr mit einem Pferde und Karren auf Befehl seines obgenannten Dienstherrn an der Eisenbahn mehrere Kolli Waaren aufgeladen und nach der Wohnung seines Dienstherrn gefahren habe. Durch Urtheil vom 1. Juni 1869 wurden dieselben von Ladung und Kosten freigegeben auf den Grund hin, daß das Verbringen von Waaren nach der Eisenbahn um mit dem Eilzuge expedirt zu werden, sowie das Abholen solcher Güter, wenn solche mit den Eilzügen anlangen, in Oppenheim als Dringlichkeitsfälle anzusehen und zu behandeln seien.

Gegen dieses Urtheil meldete die Staatsbehörde am Großh. Polizeigericht zu Oppenheim den Cassationsrecurs an, welcher jedoch abgewiesen wurde.

## Cassationshofs-Urtheil:

In Erw. das Urtheil a quo in facto angenommen hat, daß das von dem Cassationsbeklagten Kessel im Auftrag seines mitbeklagten Dienstherrn Bayerthal am Sonntag den 18. April 1869 bethätigte Aufladen von Eilgütern an der Eisenbahn und die Verbringung derselben in das Haus des Bayerthal dringlich gewesen sei, daß diese factische Würdigung der Kritik des Cass.-Hofs nicht unterliegt,

daß dringende Fälle von dem Verbot des Art. 224 d. Polizeistrafgesetzbuches ausgenommen sind, das freisprechende Erkenntniß daher eine Gesetzesverletzung nicht enthält.

Aus diesen Gründen

verwirft Großh. Oberappellations- und Cassationsgericht, als Cassationshof erkennend, den gegen das Urtheil des Gr. Friedensgerichts Oppenheim, als Polizeigericht erkennend, vom 1. Juni 1869 eingelegten Recurs als unzulässig.

Darmstadt, 5. Juli 1869. Präs.: Benner.

Ref.: Dr. Röder. Staatsbeh.: Obergerichtsrath Frhr. v. Jungenfeld.

---

## Beweiswerth der protokollischen Vernehmung des Derobaten über den objectiven Thatbestand.

Wenn auch die Strafgerichte nur die Aussagen der Zeugen, welche in öffentlicher Sitzung vernommen werden für den Beweis der Schuld benutzen dürfen, so hindert dieß nicht, daß sie ein im Ausland über die Aussage des Derobaten aufgenommenes Protokoll benutzen, um in Verbindung mit den Zeugenaussagen den objectiven Thatbestand festzustellen.

**Staatsbehörde c. Elisabethe Weitzel.**

---

Elisabethe Weitzel, Dienstmagd in Nieder-Ingelheim, wurde, wegen einfachen Diebstahls einer goldnen Uhr mit goldener Kette im Werthe zusammen von 46 fl. zum Nachtheile des königl. bair. Hauptmannes Bommel, verübt zu Landau im August 1868 in Untersuchung gezogen, durch Urtheil des Gr. Bezirksstrafgerichts von Ladung und Kosten freigesprochen; auf die von Seiten der Gr. Staatsbehörde gegen dieses Urtheil eingelegte Berufung aber der ihr imputirten Thathandlung für schuldig erklärt und in eine geschärfte Correctionshausstrafe von fünf Monaten, sowie in die Kosten verurtheilt.

Die Condemnatin ergriff gegen dieses Urtheil den Cassat.-Recurs, den sie auf eine Verletzung der Art. 190, 154 und 155 des c. d'inst. crim. stützte, welche sich Gr. Obergericht dadurch schuldig gemacht haben soll, daß dasselbe die im Auslande protokollarisch aufgenommene Aussage des Derobaten, der in öffentlicher Sitzung nicht gehört wurde, zur Herstellung des Beweises ihrer Schuld benutzt habe, während es den Strafgerichten nach den angeführten Artikeln nur gestattet sei, auf solche Aussagen Rücksicht zu nehmen, die vor ihm in öffentlicher Sitzung statt hatten.

Dieser Recurs wurde jedoch durch das oberste Gericht verworfen durch folgendes

## Cassationshofs-Urtheil:

In Erw. die Cassationsklägerin das von ihr ergriffene Rechtsmittel auf die Behauptung zu stützen sucht, daß Großh. Obergericht zur Begründung seiner Entscheidung von der Ansicht ausgegangen sei, daß alle diejenigen Angaben welche der

Derobat Bommel vor seiner Behörde protokollarisch niedergelegt hat, dieselbe innere Beweiskraft hätten, als wenn derselbe in der öffentlichen Sitzung des mit der Sache befaßten Gerichts erschienen sei und deponirt hätte und diesemnach dem Urtheile als erwiesene Thatsachen zu Grunde gelegt werden könnten und müßten; was aber eine flagrante Verletzung der Art. 190, 154 und 155 der rheinhessischen peinlichen Proceß-Ordnung involvire, wornach die Instruction öffentlich sei, die Zeugen in der Sitzung ihre Depositionen vor dem entscheidenden Richter ablegen, die Recognitionen der Ueberführungsstücke ebenso stattfinden müßten, und zwar Alles unter Strafe der Nichtigkeit.

In Erw. aber diese Auffassung der obergerichtlichen Entscheidung mit deren Inhalte nicht im Einklang steht, indem dieses Gericht sich darauf beschränkte, auf Grund der nicht contestablen und nicht contestirten Thatsache, daß die Erklärungen, wie solche von Bommel gemacht worden sind, verbunden mit den Angaben der Cassationsklägerin, keinen Zweifel darüber aufkommen ließen, daß Bommel sowohl wie die Beschuldigte von derselben Uhr und derselben Kette sprächen, daher an der Identität der Gegenstände, die beide in ihren Angaben bezeichnen wollten, ein Zweifel nicht aufkommen könne, wonach das Gericht nicht den inneren Werth der Bommelischen Erklärungen und ihre Beweiskraft als Zeugen-Aussagen, sondern den äußeren Werth der im Auslande aufgenommenen Protokolle (procès verbaux) und ihre Bedeutung als Schriftbeweis für das Inland in Betracht zog und auf deren Authentizität sein Urtheil baute, was mit den allgemeinen Grundsätzen übereinstimmt und mit den Vorschriften des Art. 190 der peinlichen Proceßordnung nicht im Widerspruch steht, wogegen das Gericht ausdrücklich seine Entscheidung über die Frage der Schuld nur auf gesetzlich zuläßige Beweiselemente stützte.

In Erw. demnach, da die unter Strafe der Nichtigkeit zu beobachtenden Formalitäten gewahrt sind, das Cassations-Gesuch verworfen werden muß.

Aus diesen Gründen

verwirft Gr. Oberappellations- und Cassations-Gericht, als Cassationshof erkennend, das Cassationsgesuch als unbegründet und verurtheilt die Cassationsklägerin in die Kosten, liquidirt auf 12 fl. 17 kr., die Kosten der

Ausfertigung dieses Urtheils nicht mitbegriffen, welche sie ebenfalls zu tragen hat.

Darmstadt, 6. Sept. 1869. Präs.: Benner.

Ref.: Dernburg. Staatsbeh.: Dr. Röder.

Anw.: Dr. Haas.

---

**Fälschung einer Urkunde, um sich ein Darlehen zu verschaffen. — Fälschung eines Gerichts-Vollziehers-Akt.**

1) Derjenige, welcher eine Urkunde fälscht, um auf deren Vorzeigung sich ein Darlehn zu verschaffen begehrt, obschon er die Absicht und auch die Aussicht hat, das geliehene Geld in Bälde wieder zurückzugeben, nichtsdestoweniger eine strafbare Fälschung.

2) Die Fälschung eines Gerichts-Vollziehers-Akts fällt, weil die Urkunden dieser Beamten unter keine der im Art. 386 I. aufgezählten öffentlichen Urkunden fallen, unter Nummer II dieses Artikels, gehört demnach zur Competenz des Bezirksgerichts als Strafgericht.

Staatsbehörde c. Georg Mayer.

Durch Beschluß der Rathskammer am Gr. Bezirksgericht Mainz vom 27. Octbr. 1869 wurde Georg Mayer, Zimmermann daselbst, vor das besagte Bezirksgericht als Strafkammer unter der Anschuldigung verwiesen, daß derselbe ein Schriftstück enthaltend eine angebliche Mobiliarpfändung auf Anstehen eines gewissen Louis Leo in Bensheim gegen den Beschuldigten vom 23. August 1869 fertigte, dieselbe mit den falschen Unterschriften des Gr. Gerichts-Vollziehers Rube, als des angeblich instrumentirenden Beamten, und des Heinrich Kolb und Andreas Markgraf als Instrumentszeugen versah, und von diesem also gefälschten Actenstücke zu Mainz am 22. Sept. 1869 Gebrauch machte, um sich einen widerrechtlichen Vortheil zu verschaffen, resp. den Stark zur Verabfolgung eines Darlehens zu bestimmen.

Gegen diesen Beschluß der Rathskammer legte die Staatsbehörde Opposition ein, weil sie behauptete, die Begangenschaft von Mayer falle unter Art. 386 I. und gehöre zur Competenz des Assisenhofs. Die Anklagekammer erkannte aber hierauf ihrer Seits durch Beschluß vom 12. Nov. 1869, daß überhaupt keine hinlängliche Belastung dafür vorliege, daß der Beschuldigte sich der ihm zur Last gelegten Schriftfälschung oder eines anderen Vergehens schuldig gemacht habe, und setzte denselben außer Verfolgung.

Dagegen legte der Gr. General-Staatsprocurator das Rechtsmittel des Cassationsrecurses ein, der auch Cassation und Verwerfen der Opposition gegen den Rathskammerbeschluß zur Folge hatte.

## Cassationshofs-Urtheil:

In Erw. Großh. Obergericht in dem mit Cassation angegriffenen Urtheile vor Allem die Frage untersuchte, ob in den Thathandlungen, wie solche durch die geführte Untersuchung sicher gestellt und von dem Beschuldigten Mayer zugegeben seien, der objective Thatbestand einer Schriftfälschung überhaupt gefunden werden könne, indem verneinenden Falls die weitere Frage, ob es sich von einer Schriftfälschung im Sinne des Art. 386. Nr. I. oder Nr. II. in dem vorliegenden Falle handle, eine müßige werde — daß Gr. Obergericht das erstere um deßwillen verneint, weil der Art. 385. des St.-G.-B. zum Verbrechen der

Schriftfälschung ausdrücklich verlange, daß Jemand von der falschen oder verfälschten Urkunde Gebrauch gemacht habe, um Andern zu schaden, oder sich oder „Andern unerlaubten Vortheil zu verschaffen"; ein solches Gebrauchmachen in der einen oder anderen Alternative liege aber untergebens nicht vor, in der ersteren nicht, weil der Beschuldigte durch Vorlage des von ihm gefälschten Pfändungsactes nur das Mitleid seines Dienstherrn habe erwecken wollen und sich erboten habe, den dadurch zu erlangenden Vorschuß sich an seinem Wochenlohn abziehen zu lassen, so daß der Dienstherr in kurzer Zeit wieder ohne Schaden in den Besitz des vorgeschossenen Betrags gekommen wäre; — in der zweiten deßhalb nicht, „weil nichts Unerlaubtes darin „liege, wenn ein Arbeiter seinen Dienstherrn um einen Vorschuß „auf seinen Lohn angehe, und es nur verwerflich sei, wenn er „diesen Vorschuß unter Angabe unwahrer Thatsachen zu er„langen suche".

In Erw. daß Niemand wird behaupten wollen, daß die fragliche Anforderung eines Vorschusses an sich etwas Unerlaubtes sei,

daß jedoch die Strafbarkeit der dem Beschuldigten zur Last gelegten Handlung darin besteht, daß er seinen Dienstherrn durch Fälschung einer Urkunde und deren Gebrauch arglistiger Weise in Täuschung versetzt hat, um hierdurch denselben zur Bewilligung eines Vorschusses zu bestimmen, den er ohne diese Täuschung nicht erlangt hätte; und dieß vollständig hinreicht, um den bezweckten Vortheil als einen unerlaubten im Sinne des Gesetzes erscheinen zu lassen,

daß hiernach Gr. Obergericht, indem es in den dem Beschuldigten zur Last gelegten Thathandlungen den objectiven Thatbestand der Schriftfälschung nicht gefunden, den Art. 385. des St.-G.-B. verletzt hat, und dessen Urtheil zu cassiren ist.

In Erw. daß nach Art. 4. und 5. des Gesetzes vom 2. August 1842 das oberste Gericht in Fällen, wie der vorliegende, zugleich in der Hauptsache erkennen kann, und es sachgemäß erscheint, von dieser Befugniß Gebrauch zu machen,

daß die Opposition der Staatsbehörde gegen den Rathskammerbeschluß vom 27. October 1869. darauf gestützt wird, daß die Fälschung eines Gerichtsvollziehers-Actes unter die Strafbestimmung des Art. 386. I. b. c. falle, und daher zur Competenz der Assisen gehöre; —

daß jedoch die Acten der Gerichtsvollzieher nicht zu den dort aufgeführten Urkunden gehören, wie dieß der erste Richter, dessen Gründe hiermit gebilligt werden, bereits ausgeführt hat;

daß hiernach nur ein zur Competenz des Bezirksgerichts gehöriges Vergehen vorliegt, und die eingelegte Opposition als unbegründet zu verwerfen ist;

Aus diesen Gründen

cassirt Gr. Oberappellations- und Cassations-Gericht, als Cassationshof erkennend, das Urtheil der Anklagekammer Gr. Obergerichts vom 12. November 1869, um ohne Wirkung zu bleiben.

In revisorio auf die Opposition der Staatsbehörde gegen den Beschluß der Rathskammer Großh. Bezirksgerichts Mainz vom 27. October 1869 Recht sprechend, weist es dieselbe als unbegründet ab und verordnet, daß dieser Beschluß seinem ganzen Inhalte nach in Vollzug gesetzt werden soll.

Darmstadt, 20. Dec. 1869. Präs.: Benner.

Ref.: Dr. Röder. Staatsbeh.: Obergerichtsrath Frhr. v. Jungenfeld.

---

## Animus injurandi. — Oeffentlicher Vorwurf der Unterlassung einer Dienstpflicht.

1) Die Aufforderung, die von einem hierzu Unberufenen einem Beamten auf eine barsche und rohe Weise gemacht wird, seine Amtspflicht zu

erfüllen, begleitet von verletzenden Geberden, als Schreien, Klopfen auf den Tisch u. s. w. bildet eine strafbare Verletzung der Amts- und Dienstehre; es ist nicht nothwendig, daß der animus injurandi noch weiter bewiesen werde.

2) Der in öffentlichen Blättern einem Beamten gemachte Vorwurf, daß er seinen Pflichten nicht nachgekommen sei, namentlich der Vorwurf, der einem Beamten der gerichtlichen Polizei gemacht wird, es unterlassen zu haben ein Protokoll über ein bei ihm zur Anzeige gelangtes Vergehen zu errichten und der ihm vorgesetzten höheren Behörde zur weiteren Amtshandlung einzusenden, bildet eine Verläumdung im Sinne des Gesetzes, gleichgültig aus welchen Motiven hintendrein behauptet werden will man unterstellt habe, daß der Beamte dieß unterlassen habe.

**Staatsbehörde c. Vollmar.**

Gegen den Fabrikanten Vollmar zu Kempten wurde am Gr. Bezirksgerichte zu Mainz in Strafsachen erkennend eine Untersuchung eingeleitet wegen

1) wörtlicher Amts- und Dienstehrverletzung des Großh. Bürgermeisters zu Kempten am 5. Sept. 1868;

2) Verläumdung desselben im Sinne des Art. 30 und 31 des Strafgesetzes vom 1. August 1862,

und derselbe auch durch Urtheil dieses Gerichts v. 4. u. 25. Juni und 2. Juli 1869 dieses Vergehen schuldig erklärt und zu Gefängnißstrafe und Geldbuße verurtheilt. Die von dem Condemnaten gegen dieses Urtheil eingelegte Berufung an das Gr. Obergericht zu Mainz, wurde durch dessen Urtheil am 18. und 27. September 1869 im Allgemeinen verworfen, jedoch erlitt die Strafe eine bedeutende Ermäßigung.

Vollmar ergriff gegen letztes Urtheil das Rechtsmittel des Cassationsrecurses, der jedoch theils als unzulässig, theils als unbegründet abgewiesen wurde durch folgendes

## Cassationshofs-Urtheil:

In Erw.: die erste Richtung des Recurses die Entscheidung des Gr. Obergerichts betrifft, wodurch der Cassationskläger der Verletzung der Amts- und Dienstehre des Gr. Bürgermeisters Kamp in Kempten schuldig befunden wurde — daß in dieser Beziehung das Urtheil a quo als erwiesen angenommen hat, daß Vollmar, gänzlich unberufen und von dem bestohlenen Reiland nicht beauftragt, am 5. September 1868 sich auf der Amtsstube des Bürgermeisters einstellte und denselben schreiend und lärmend und unter wiederholtem Aufschlagen mit geballter Faust auf dessen Arbeitstisch demselben darüber Vorwürfe machte und ihn zur Rede stellte, daß er dem Reiland die Errichtung eines Protokolls über den von dem Polizeidiener Saufhans zu dessen Nachtheil begangenen Strohdiebstahl verweigert habe, und ihm drohte, ihn zu verklagen, wenn das Protokoll am Nachmittag des andern Tages nicht in Bingen wäre, obschon er von dem genannten Reiland gehört hatte, daß der Bürgermeister die Aufnahme des betreffenden Protokolls nicht verweigert, sondern nur wegen dringlicher Amtsgeschäfte auf den folgenden Tag verschoben hatte, — daß er, als ihm der Bürgermeister dies in ruhigem Tone wiederholt mittheilte, Vollmar in gleicher Weise mit der Erwiderung fortfuhr, daß er verbunden gewesen sei, das Protokoll sofort zu errichten, und sein Lärmen und Schreien einen solchen Grad erreichte, daß die in der Nähe wohnende Zeugin Wendel Heinrichs Ehefrau der Meinung war, es müsse in dem Hause des Bürgermeisters ein Streit entstanden sein.

In Erw. daß auf Grund dieses als erwiesen angenommenen Thatbestandes der Cassationskläger mit Recht der Amts- und Dienstehrverletzung des Gr. Bürgermeisters schuldig erklärt wurde; der dem Bürgermeister gemachte Vorwurf eines pflichtwidrigen Verfahrens und die Drohung, ihn deshalb verklagen zu wollen, enthält an sich eine Beleidigung, dieselbe wurde in einer Art und Weise vorgebracht und mit Gebehrden begleitet, welche der ganzen Handlungsweise der Cassationsklägers formell einen herabwürdigenden Character verleihen, so daß es nicht, wie der Cassationskläger behauptet, noch des besonderen Nachweises eines animus injurandi bedarf, vielmehr in dem Benehmen des Vollmar an und für sich die Mißachtung der dem öffentlichen Beamten während seines Dienstes gebührenden Autorität sich documentirt. —

In Erw. in zweiter Richtung der Cassationskläger sich darüber beschwert, daß er mit Unrecht der Verläumdung im Sinne des Art. 31. resp. der Amts- und Dienstehrverletzung im Sinne des Art. 30. a. 2. des Preßgesetzes schuldig erklärt worden sei —

daß der hier zur Sprache kommende in Nr. 73. des Rhein-Hessischen Beobachters und des Binger Anzeigers vom 9. Sept. 1868 erschienenen Artikel unbestrittener Maßen von dem Cassationskläger verfaßt wurde,

daß derselbe über den oben erwähnten Diebstahl berichtet und die vorderen Gerichte ihn um deswillen für strafbar befunden haben, weil darin dem Gr. Bürgermeister von Kempten der Vorwurf gemacht werde, daß er absichtlich die Anzeige des bestohlenen Reiland nicht aufgenommen habe, die er nach den Pflichten seines Amtes habe aufnehmen müssen, um den Diebstahl des Polizeidieners zu verdecken und demselben Straflosigkeit zu sichern: — in einer solchen Behauptung liege die Beschuldigung des im Art. 457. des St.-G.-B. vorgesehenen Vergehens.

In Erw. daß dagegen der Cassationskläger behauptet, wenn der incriminirte Artikel von „Bemühungen den Kläger zum Schweigen zu bringen," und von „Vertuschung der Sache" ꝛc. spreche, so sind dies nur auf den des Diebstahls beschuldigten Polizeiagenten Saufhaus und dessen Familie, nicht aber auf den Gr. Bürgermeister zu beziehen.

In Erw. daß Gr. Obergericht und mit ihm Gr. Bezirksgericht, auf welches das erstere sich bezieht, bei der Interpretation der streitigen Stellen außer dem Inhalt des Artikels selbst, die äußeren Umstände, unter denen derselbe von Vollmar verfaßt wurde, und namentlich das Benehmen desselben vor der Publication in Betracht gezogen haben; —

daß Gr. Obergericht insbesondere hervorhob, daß Vollmar an demselben Tage, an welchem der Artikel in den genannten beiden Blättern erschien, in Verein mit mehreren andern Bürgern von Kempten bei dem Gr. Staatsprocurator in Mainz eine selbstständige Denunciation bezüglich des fraglichen Diebstahls eingereicht und hiermit deutlich zu erkennen gegeben habe, daß er dem Bürgermeister die pflichtwidrige Verdeckung des Diebstahls zutraue —

daß ferner nur der Bürgermeister vermöge seiner amtlichen Stellung, nicht aber der beschuldigte Saufhaus, nachdem einmal eine Anzeige gemacht gewesen, die weitere Verfolgung der Sache hätte verhindern können, —

daß aus dem Complex dieser Umstände in Verbindung mit dem Inhalt des Artikels selbst Gr. Obergericht den Schluß zog, daß die oben hervorgehobenen Behauptungen des Artikels nur auf den Bürgermeister, nicht aber auf den Polizeiagenten Saufhaus bezogen werden könnten, —

daß von dieser Interpretation, welche mit dem Wortlaut des Artikels nicht im Widerspruch steht, und zu welcher Gr. Obergericht im Hinblick auf äußere, die Abfassung des Artikels begleitende Umstände gelangt ist, ausgegangen, die fraglichen Behauptungen allerdings die Beschuldigung eines pflichtwidrigen Verfahrens, das der Bürgermeister sich habe zu Schulden kommen lassen, enthalten, und hiernach der Thatbestand des Art. 30. resp. 31. al. 2. des Preßgesetzes vorliegt, —

daß der Verfasser den Beweis der Wahrheit des gemachten Vorwurfs nicht erbracht hat, hiernach die ergangene Verurtheilung eine gerechtfertigte ist;

daß eventuell der Cassationskläger behauptet, wenn der Bürgermeister die Aufnahme des Protokolls in der Absicht und in der Erwartung verschoben habe, daß mittlerweile eine Verständigung zu Stande käme, und der Bestohlene seine Anzeige zurückzöge und etwa erklärte, er habe sich geirrt, der Polizei-Agent habe das Stroh nicht entwendet, sondern entlichen, so habe bei der Unbedeutendheit des Objectes, das nur einen Werth von 3—4 kr. habe, für den Bürgermeister keine Verpflichtung vorgelegen, der früheren Anzeige weitere Folge zu geben, da derselbe nicht verpflichtet sei, gegen den Willen des Beschädigten einen Diebstahl herauszufinden, wo dieser selbst keinen gefunden habe; in der Mittheilung eines solchen Verfahrens könne deshalb auch keine strafbare Verläumdung gefunden werden.

In Erw. daß diese Ausführungen auf Unterstellungen beruhen, die mit dem thatsächlichen Inhalt des Urtheils nicht übereinstimmen, dieselben daher keine Berücksichtigung finden können; daß es daher nicht nöthig ist, auf eine Untersuchung der Frage einzugehen, ob unter den von dem Cassationskläger angenommenen Verhältnissen der Bürgermeister die Aufnahme eines Protokolls hätte unterlassen können,

daß daher der Recurs in allen Theilen zu verwerfen ist.

Aus diesen Gründen

verwirft Gr. Oberappellations- und Cassations-Gericht, als Cassationshof erkennend, das Cassationsgesuch theils als unbegründet, erklärt die hinterlegten Succumbenzgelder für verfallen und verurtheilt den Cassationskläger in die Kosten, liquidirt auf 9 fl. 16 kr., die Kosten der Ausfertigung dieses Urtheils nicht mitbegriffen, welche der Cassationskläger ebenfalls zu tragen hat.

Darmstadt, 20. Dec. 1869. Präs.: Benner.

Ref.: Dr. Röder. Staatsbeh.: Obergerichtsrath Frhr. v. Jungenfeld.

Anwalt: Dr. Görz.

# B. Strafsachen aus Starkenburg u. Oberhessen.

## B. Strafsachen aus Starkenburg u. Oberhessen.

**Oeffentlichkeit des Verfahrens. Wiederaufnahme der Untersuchung.**

1) Bei dem Cassationshofe ist die Oeffentlichkeit des Verfahrens nur für die Hauptverhandlung zulässig. In dem für die Beschwerdesachen vorgeschriebenen Verfahren, welches als Theil der Hauptverhandlung nicht betrachtet werden kann, ist daher bei dem Cassationshofe, gleichwie in den früheren Instanzen, die Oeffentlichkeit gesetzlich ausgeschlossen.

2) Gegen einen, über die Zulässigkeit eines Gesuchs um Wiederaufnahme einer Untersuchung sich aussprechenden Anklagekammerbeschluß, findet, wie gegen Anklagekammerbeschlüsse überhaupt, nur das Rechtsmittel der Nichtigkeitsbeschwerde statt.

Nr. 552 v. St. u. O. U, S g. Rothschild.

---

David Rothschild von Heldenbergen, welcher von dem Assisenhof der Provinz Oberhessen wegen Meineids in eine mehrjährige Freiheitsstrafe verurtheilt worden war, reichte bei der Anklagekammer des Hofgerichts zu Gießen ein Gesuch um Wiederaufnahme der Untersuchung auf Grund neuer Beweismittel ein. Dieser Gerichtshof ging bei der Beurtheilung des Antrags von der Ansicht aus, daß nicht nur keine neuen erheblichen Thatsachen für eine Wiederaufnahme der Untersuchung beigebracht worden seien, sondern sogar durch die weiter erhobenen Beweise das vorliegende rechtskräftige Strafurtheil unterstützt werde, und verwarf demgemäß das Gesuch durch Beschluß vom 15. Mai 1868 als unzulässig. Der Verurtheilte sah sich gegen diesen Beschluß mit der einfachen und der Nichtigkeitsbeschwerde vor. In der zur Verhandlung über diese bestimmten Sitzung des Cassationshofs erschien der Anwalt des Rothschild und verlangte, gestützt darauf, daß das Verfahren vor dem Cassationshof ein öffentliches sei, mit der mündlichen Begründung seiner Anträge gehört zu werden. Die Staatsbehörde widersetzte sich diesem Antrage, weil Oeffentlichkeit des Verfahrens nur für die Hauptverhandlung vorgeschrieben sei und die Beschlüsse der Anklagekammer und die gegen dieselben verfolgten Beschwerden nicht als Theile der Hauptverhandlung betrachtet werden können.

Ueber diese Vorfrage erging zunächst der folgende

Beschluß (Zwischenurtheil)

des Cassationshofs:

In Erw. daß

1) der Art. 4 des allgemeinen Theils der Str. Pr. O. zwischen dem Verfahren in der Voruntersuchung und in der Hauptverhandlung unterscheidet und ausdrücklich nur für dieses letztere das Princip der Mündlichkeit und Oeffentlichkeit aufstellt;

2) das Verfahren und die Beschlüsse der Hofgerichte als Anklagekammern jedoch inhaltlich des Titels XIX der Str. Pr. O. dieser Hauptverhandlung nicht angehören;

3) aus den Bestimmungen der Art. 276, 277, 279 und 332 der Str. Pr. O. sich zugleich ergibt, daß dasselbe Verfahren außer der Hauptverhandlung auch in den oberen Instanzen in Beschwerdefällen zur Anwendung kommen muß, ohne Unterschied, ob eine einfache Beschwerde oder eine Nichtigkeitsbeschwerde verfolgt wird;

durch Zwischenurtheil zu Recht erkannt:

daß das öffentliche Verfahren über die Beschwerden gegen den vorliegenden Beschluß der Anklagekammer des Gr. Hofgerichts der Provinz Oberhessen auszuschließen sei. V. R. W.

In der Sache selbst hatte der Verurtheilte seine Beschwerde, insoweit es hier interessirt darin gefunden, daß das Gr. Hofgericht d. P. O. seinen Antrag auf Wiederaufnahme der Untersuchung als unzulässig zurückgewiesen habe und hatte durch seinen Anwalt folgenden Antrag gestellt:

> die angefochtene Verfügung des Gr. Hofgerichts aufzuheben, den in Frage stehenden Antrag auf Wiederaufnahme der Untersuchung für zulässig zu erklären, sodann denselben für begründet zu erkennen und die Sache zur nochmaligen Verhandlung vor das Schwurgericht zu verweisen.

Der Querulant ging bei Stellung dieses Antrags von der Ansicht aus, daß der Tit. XXVI. d. St. P. O. dem Cassat.-Hofe die ausnahmsweise Befugniß ertheile, über die thatsächliche Frage der Erheblichkeit der zur Unterstützung eines Revisionsgesuchs vorgebrachten Gründe in II. Instanz zu entscheiden und daß demzufolge gegen einen das Gesuch um Wiederaufnahme der Untersuchung verwerfenden Anklagekammerbeschluß die einfache Beschwerde gegeben sei.

Die Staatsbehörde rechtfertigte ihren Antrag auf Verwerfung dieses Cassationsmittels als unbegründet und folgeweise der Nichtigkeitsbeschwerde als unzulässig folgendermaßen:

> Die Wiederaufnahme der Untersuchung ist ein außerordentliches Rechtsmittel, das nur in den seltensten Fällen zugelassen werden soll, da eine leichtfertige Behandlung dieses Rechtsmittels Seitens der Gesetzgebung dazu dienen würde, die Processe zu verewigen, die Achtung vor der Rechtspflege und das moralische Gewicht der Strafurtheile zu schwächen, ohne durch die wiederaufgenommenen Untersuchungen bedeutende Resultate zu erzielen.
>
> s. Motive z. St. P. O. §. 17. S. 110.
>
> Die Gesetzgebung begünstigt daher dieses Rechtsmittel nicht; sie gestattet es vielmehr nur unter ganz besonderen und seltenen Voraussetzungen, damit nicht die Rechtskraft illusorisch und die auf ihr beruhende Rechtssicherheit in Frage gestellt werde.
>
> Es kann auch aus diesem Grunde durchaus nicht gestattet sein, dieses außerordentliche Rechtsmittel mit einem ordentlichen z. B. dem der Appellation in rechtliche Vergleichung zu ziehen und die Gründe, welche für die Begünstigung dieser letzteren sprechen, analog auf das Erstere anzuwenden. Denn auf der einen Seite haben wir es mit einem nur Verdächtigen zu thun, dem es gestattet sein muß, seine Unschuld mit allen nur irgendwie zulässigen Mitteln nachzuweisen, auf der

anderen Seite aber mit einem von den Gerichten rechtskräftig Verurtheilten, der die ihm zu Gebot stehenden Mittel zum Nachweise seiner Unschuld schon sämmtlich erschöpft hat, das außerordentliche Rechtsmittel der Wiederaufnahme der Untersuchung der Regel nach, wie die Erfahrung lehrt, nur als den letzten Versuch betrachtet, wodurch er den ihm mit vollem Recht umspannenden Händen der Justiz möglicherweise noch entrinnen kann. Es ist aus diesem Grund vollkommen erklärlich, wenn das Gesetz diesem außerordentlichen Rechtsmittel nicht den Instanzenzug, der dem ordentlichen Rechtsmittel gebührt, verliehen hat, wenn es sich vielmehr damit begnügt, die Prüfung der einschlägigen factischen Verhältnisse nur einer Justizbehörde zu übertragen. Es wird dieß um so weniger auffallen können, wenn diese dieselbe Justizbehörde ist, welche auf sämmtlichen ihr zugewiesenen Rechtsgebieten alle einschlägigen factischen Fragen in souverainer Weise festzustellen berufen ist.

Was nämlich die Competenz zur Entscheidung über das Rechtsmittel der Revision anlangt, so gehen die Strafproceßordnungen in dieser Beziehung von 2 verschiedenen Systemen aus. Der Code d'instruction criminelle und diejenigen Proceßordnungen, welche ihm gefolgt sind, namentlich die bairische, überweisen die Entscheidung lediglich dem Cassationshofe, welcher sich in diesem Fall natürlich in der Lage befindet, sowohl die factischen, wie die rechtlichen Voraussetzungen des Gesuchs seiner Prüfung unterziehen zu müssen.

Fast alle neueren Proceßordnungen

die thüringische Art. 340,
die braunschweigische §. 174,
die würtembergische Art. 418,
die kurhessische §. 423,
die badische §. 304,
die hannöverische §. 222,
die preußische §. 152,
die österreichische 1850, §. 377,

bestimmen, daß über das Gesuch um Wiederaufnahme der Untersuchung das Gericht, von welchem das zu beseitigende Urtheil erlassen worden ist, oder die Anklagekammer bei Schwurgerichtssachen, zu entscheiden habe.

Der Entwurf unserer St. P. O. hatte sich dem Code d'i. c. angeschlossen und den Antrag auf Wiederaufnahme der Untersuchungen an das Oberappellations-Gericht verwiesen, aus dem einzigen, m. E. jedoch nicht völlig durchschlagenden Grunde, weil ein solches Erkenntniß außerhalb des Bereichs der gewöhnlichen Strafgerichte liege, deren Thätigkeit mit dem rechtskräftigen Urtheilsspruch zu Ende gegangen sei.

(Motive §. 17. S. 114.)

Von den entgegengesetzten Grundsätzen ging der Ausschuß aus, indem derselbe das in den neueren deutschen St. P. O. durchgeführte System ebenfalls adoptirte, jedoch mit einer sofort zu erörternden Modification. Er betrachtet nämlich die Revision als eine qualificirte Nichtigkeitsbeschwerde, die dem Instanzenzuge dieses Rechtsmittels zu folgen habe und unterscheidet demzufolge zwischen der Zulässigkeit und der Begründetheit dieses Rechtsmittels. Das Verfahren über die Zulässigkeit wird der Anklagekammer, das über die Begründetheit vor dasjenige Gericht verwiesen, welches nach der Gerichtsorganisation zunächst über dem Gerichte steht, welches das zu cassirende Urtheil erlassen hat, also bei Urtheilen der Landgerichte und Bezirksstrafgerichte vor das Hofgericht, bei Urtheilen der Hofgerichte und Assisengerichte vor das Oberappellationsgericht.

Der Unterschied zwischen der Zulässigkeit und der Begründetheit ist aber m. E. darin zu finden, daß bei dem Rechtsmittel der Wiederaufnahme das Zulässigkeitsverfahren sich auf die Prüfung der factischen Vorfrage, ob die von dem Verurtheilten vorgebrachten neuen Thatsachen erheblich genug sind, um den Antrag zu rechtfertigen, zu erstrecken hat, während das weitere Verfahren vor dem Oberappellationsgericht die Wahrung der rechtlichen Erfordernisse des Rechtsmittels, sowie im Falle dieselben gewahrt erscheinen, die formelle Vernichtung des angegriffenen Urtheils zum Gegenstand hat.

Denn welchen Grund sollte der Ausschuß (dessen Anträge keinen Widerspruch fanden und in das Gesetz aufgenommen wurden), gehabt haben, die rein factische Frage, ob die vorgebrachten neuen Thatsachen erheblich genug seien, in 2 verschiedenen Verfahren, vor 2 verschiedenen Gerichten entscheiden zu lassen? Zu welchem Grund wäre ein besonderes Zulässigkeitsverfahren eingeführt worden, wenn dasselbe vollständig zwecklos wäre? Würde es in diesem Fall nicht viel einfacher und richtiger gewesen sein, das Princip des Entwurfs beizubehalten, wenn man das Oberappellationsgericht doch einmal mit Prüfung factischer Vorfragen behelligen wollte?

Auf der anderen Seite ist das von dem Ausschuß adoptirte Princip der Prüfung der factischen Vorfrage durch die Anklagekammer ein so exorbitantes, daß man es strengstens interpretiren muß?

Stellte sich nicht vielmehr der Ausschuß mit diesem Antrage auf den Boden, auf welchem fast sämmtliche neueren deutschen St. P. O. stehen? und wird nicht endlich durch eine solche Regelung der Competenz die Stellung des Cassationshofs, der sich principiell nur Rechtsfragen beschäftigen soll, intacter gehalten?

Zwar vertheilen die Gegner der hier vertheidigten Ansicht die Competenz des Cassationshofs und der Anklagekammer in der Art, daß sie letzterer die Entscheidung zuweisen, wenn die zur Unterstützung des Gesuchs vorgebrachten Gründe offenbar unerheblich sind. Sei die Unerheblichkeit weniger offenbar oder werde sie von dem Verurtheilten bestritten, denn sei die Prüfung von dem Oberappellationsgericht vorzunehmen. Allein was ist „offenbar unerheblich"? Das, was dem Einen offenbar unerheblich scheint, ist dem Zweiten einfach unerheblich, dem Dritten vielleicht nicht ganz unerheblich u. s. f. Das Wort „offenbar", welches sich im Artikel 480 St P. O. vorfindet und worauf sich die Vertheidiger dieser Ansicht berufen, hat durchaus nicht den Zweck, die Competenz der Anklagekammer von der des Cassationshofs zu scheiden, sondern steht im Gegensatz zu dem Schlußsatz des Art. in der Art, daß die Anklagekammer angewiesen wird, offenbar unerhebliche Gesuche sofort zurückzuweisen, bei solchen jedoch, deren offenbare Unerheblichkeit nicht am Tage liegt, factische Ermittelungen eintreten zu lassen.

Wenn man weiter einwendet, daß nach der hier vertheidigten Ansicht der Cassationshof eine seiner unwürdige Stellung einnehme, indem ihn das Gesetz dazu bestimme, eine von einem ihm untergebenen Gericht ausgesprochene Ansicht, ohne weitere Prüfung derselben, formell sanctioniren zu müssen, so erscheint dieß in doppelter Beziehung unrichtig. Denn einmal ist dem Cass.-Hof die Würdigung der rein rechtlichen Voraussetzungen des Wiederaufnahmegesuchs in ihrem vollen Umfang reservirt, er nimmt daher in dieser Beziehung durchaus keine andere Stellung ein, als jedem anderen Hofgerichtsurtheil oder Anklagekammerbeschluß gegenüber. Auf der anderen Seite ist in dem A. B. ausdrücklich der Grund für diese Bestimmung angegeben, aus dem sofort klar hervorgeht, daß die Vorschrift mit der hohen Stellung des Cassationshofs durchaus nicht in Disharmonie steht. Der Grund ist nämlich lediglich der, daß es der A. B. nicht für passend erachten kann, daß ein Gericht seine eignen Urtheile vernichtet, weßhalb die nothwendig gewordene Vernichtung, wenn sich das betr. Gericht, welches das Urtheil erlassen hat, von dessen Unrichtigkeit überzeugt hat, immer an das zunächst höhere Gericht verwiesen wird.

(s. A. B. zu Art. 451. S. 609.)

Der Grund, daß die formelle Erklärung der Nichtigkeit eines ausgesprochenen Urtheils von dem Cassat.-Hof auszugehen hat, liegt daher nur in der hohen Stellung dieses Gerichtshofs.

Daß die hier vertheidigte Auffassung der ratio legis entspricht, dürfte in Vorstehendem nachgewiesen sein. Es kann indessen nicht schwer fallen, hierfür Bestätigungsmomente positiver Natur, und zwar in dem A. B., nach dessen Anträgen der ganze Titel von der Wiederaufnahme der Untersuchung redigirt wurde, zu finden.

Der A. B. sagt auf S. 608, nachdem er erwähnt hatte, daß das Verfahren bei dem Wiederaufnahme-Gesuch möglichst in Uebereinstimmung gebracht werden müsse mit dem Verfahren, welches bei der ordentlichen Nichtigkeitsbeschwerde stattfinde, das Folgende:

„Nur eine wesentliche Abweichung muß dabei „insofern stattfinden, als die Frage über die Zulässigkeit des Gesuchs stets besonders durch den „Anklagesenat geprüft werden muß. Denn es ist „einleuchtend, daß die Frage, ob gegen einen Freigesprochenen eine Untersuchung wieder eingeleitet „werden soll, ob die von der Staatsanwaltschaft gegen „ihn vorgebrachten neuen Thatsachen erheblich genug sind, nicht in öffentlicher Sitzung und contradictorisch mit demjenigen, gegen welchen eine neue „Untersuchung beantragt wird, verhandelt werden kann,

„weßhalb auch diese Frage nicht von dem erkennenden „Gericht, sondern stets von der Anklagekammer zu „entscheiden ist."

Nun ist zwar die Wiederaufnahme der Untersuchung gegen ein freisprechendes Erkenntniß durch spätere Verhandlungen und Beschlüsse für gesetzlich unzulässig erklärt worden, allein es ist klar, daß das, was von der Prüfung der Erheblichkeit der von dem Staatsanwalt gegen ein freisprechendes Erkenntniß vorgebrachten neuen Thatsachen gilt, auch umgekehrt von der Prüfung der Erheblichkeit der von dem Verurtheilten gegen ein verurtheilendes Erkenntniß vorgebrachten Thatsachen Geltung behalten muß.

Aus dem angeführten Satz geht hervor:

1) daß die von dem Ausschuß proponirte Aenderung des Regierungsentwurfs eine wesentliche ist, was nicht der Fall sein würde, wenn er nur eine völlig bedeutungslose Vorprüfung durch die Anklagekammer hätte herbeiführen wollen;
2) daß die Frage über die Erheblichkeit der vorgebrachten neuen Thatsachen, also die factische Vorfrage, von der Anklagekammer zu entscheiden ist.

Weiter enthält d. A. B. folgende Stelle:

(S. 608. sub 1.)

„Die Anklagekammer kann sofort das Gesuch wegen „Mangels der gesetzlichen Voraussetzungen oder wegen „Unerheblichkeit der geltend gemachten neuen „Thatsachen und Beweismittel als unzulässig zurückweisen „oder sie kann sofort die Admission aussprechen, wodurch „aber natürlich das rechtskräftige Urtheil, welches auch „die Anklagekammer gar nicht aufheben kann, „noch keineswegs außer Kraft tritt u. s. w." Hieraus geht abermals hervor, daß die Entscheidung über die Erheblichkeit der neuen Beweismittel der Anklagekammer zukommt, sowie daß der Grund, aus welchem man nicht das ganze Verfahren incl. der Vernichtung der bezirksstrafgerichtlichen und landgerichtlichen Urtheile, bei der Anklagekammer beließ, lediglich der war, weil eine Anklagekammer ein von einem erkennenden Gericht gesprochenes Urtheil nicht k. H. zu beseitigen vermag.

Eine weitere Stelle d. A. B.

(S. 609),

welche ebenfalls von der Vernichtung der landgerichtlichen und bezirksstrafgerichtlichen Urtheile handelt, sagt:

„Hat die Anklagekammer das Gesuch admittirt, dann „wird die Sache gerade so, wie bei der auf Nich-„tigkeitsgründe gestützten Appellation, vor dem „Hofgericht als erkennendem Gericht verhandelt",

also nicht wie bei der auf unrichtige Auffassung des factischen Materials, sondern wie bei der auf Nichtigkeitsgründe gestützten Appellation, mit anderen Worten: das Hofgericht prüft nicht mehr die von der Anklagekammer festgestellte factische Frage, sondern lediglich die Rechtsfrage. Man wird gegen die Bedeutung der Stelle nicht einwenden können, daß sie nur von der Verhandlung über ein Revisionsgesuch nach erfolgter Admission durch die Anklagekammer rede, denn ist eine nochmalige factische Prüfung des Gesuchs durch das erkennende Gericht nach erfolgter Admission unzulässig, dann ist sie auch nach erfolgter Verwerfung nicht platzgreiflich und umgekehrt.

Was aber von der Wiederaufnahme der Untersuchung gegen landgerichtliche und bezirksstrafgerichtliche Urtheile gilt, findet auch bei solchen Gesuchen gegen hof- und schwurgerichtliche Urtheile Anwendung, mit der einzigen Modification, daß, da der Cassationshof keine Anklagekammer hat, die Anklagekammer des Hofgerichts als solche zu fungiren hat, der Cassationshof im Grunde daher nur die von seiner eignen Anklagekammer ausgesprochene Ungiltigkeit des angegriffenen Urtheils formell sanctionirt.

Aus allen diesen Gründen scheint gegen einen das Gesuch um Wiederaufnahme der Untersuchung admittirenden oder verwerfenden Anklagekammerbeschluß lediglich die Nichtigkeitsbeschwerde zulässig zu sein, nicht aber eine die thatsächlichen Verhältnisse berührende querela simplex, welche der Art. 280 St. P. O. ohnehin gegen alle Anklagekammerbeschlüsse ausschließt.

Hierauf erging folgendes

## Cassationshofs-Urtheil:

Gießen nach der klaren Vorschrift des Art. 280 der St. P. O. nicht stattfindet;

B. die damit auf Grund des Art. 452 der St. P. O. verbundene Nichtigkeitsbeschwerde sich als unbegründet darstellt, weil

zu pos. 2 der angefochtene Beschluß, indem er ausspricht, daß nicht blos keine neue erhebliche Thatsachen oder Beweise für eine Wiederaufnahme der Untersuchung beigebracht worden seien, sondern sogar die weiter erhobenen Beweise das vorliegende rechtskräftige Strafurtheil unterstützen, genügende und sprechende Entscheidungsgründe für die Unzulässigkeit des gestellten Antrags enthält;

zu pos. 3 eine Gesetzesverletzung in dem erwähnten Beschlusse nirgends angeführt oder begründet werden konnte;

wird:

1) die erhobene einfache Beschwerde als unzulässig,
2) die Nichtigkeitsbeschwerde dagegen als unbegründet verworfen und der Nichtigkeitskläger auch in die Kosten dieser Instanz verurtheilt, liquidirt auf einen Gulden fünfzehn Kreuzer.

Darmstadt, 11. Jan. 1869. Präs.: Benner.

Ref.: Nöllner. Staatsbeh.: Dr. Franck, in Vertretung des Gr. General-Staats-Procurators.

Nichtigk.-Kl.: Warthorst.

## Gewerbepolizei.

**Derjenige, welcher das Gewerbe eines Lumpensammlers mit polizeilicher Erlaubniß betreibt und in Ausübung dieses Gewerbes Lumpen gegen Hingabe von Kurzwaaren an Zahlungsstatt erhandelt, bedarf einer besonderen Erlaubniß, die ihn zum Handel mit Kurzwaaren ermächtigt, nicht.**

Nr. 533 v. St. u. O. D. S. g. Lind.

David Lind von Crainfeld, welcher von der competenten Verwaltungsbehörde ein Patent als Lumpensammler erhalten hatte, betrieb dieses Gewerbe in der Art, daß er die Lumpen, anstatt gegen baares Geld, gegen Hingabe von Kurzwaaren an Zahlungsstatt einhandelte. Die Steuerbehörde denuncirte ihn deßhalb bei dem Gr. Landgericht Herbstein, indem sie von der Ansicht ausging, daß diese Art des Geschäftsbetriebs eine zweifache kreisamtliche Erlaubniß, eine zum Lumpensammlen, die andere zum Hausiren mit Kurzwaaren voraussetze und erlangte ein Urtheil, das den Denunciaten wegen Uebertretung des Artikels 180 d. P. St. G. in eine Geldstrafe von 3 fl. verurtheilte.

Auf ergriffene Appellation sprach jedoch das Hofgericht der P. O. den Denunciaten von Strafe frei, weil es die Ansicht der Steuerbehörde in den Gesetzen nicht für begründet erachtete.

Gegen dieses letztere Urtheil sah sich der Gr. Oberstaatsanwalt mit der Nichtigkeitsbeschwerde vor, zu deren Begründung er namentlich anführte, daß Derjenige, welcher das Gewerbe des Lumpensammlers in der Weise betreibe, daß für die Lumpen Kurzwaaren und dergl. an Zahlungsstatt gegeben werden, seinen Gewinn nicht nur aus dem Lumpenhandel, sondern auch aus dem damit verbundenen Kurzwaarenkram zieht, da er die Kurzwaaren im Großen und daher wohlfeiler einkaufe, als er sie abgebe. Aus diesem Grunde sei eine polizeiliche Erlaubniß zum Betriebe beider Geschäfte erforderlich.

Die Staatsbehörde am Gr. O. A. u. C. G. nahm ihren Antrag auf Verwerfung der Nichtigkeitsbeschwerde.

## Cassationshofs-Urtheil:

In Erw. das freisprechende Erkenntniß des Gr. Hofgerichts zu Gießen von der factischen, einer Kritik des obersten Gerichtshofs nicht unterliegenden Annahme ausgeht, daß der Nichtigkeitsbeklagte David Lind nicht Kurzwaaren verkauft, sondern dieselben bei dem Einsammeln von Lumpen, wozu er ein Gewerbspatent besaß, an Zahlung statt hingegeben habe, daß unter dieser Voraussetzung der Art. 180 des Polizeistrafgesetzes nicht verletzt ist, indem die Hingabe der Waaren nur in Ausübung des mit polizeilicher Erlaubniß betriebenen Geschäfts als Lumpensammler und zum Behufe desselben stattgefunden hat, somit weder ein selbstständiger Gewerbsbetrieb noch eine Ueberschreitung der ertheilten Befugniß vorliegt,

durch Urtheil hiermit zu Recht erkannt:

daß die verfolgte Nichtigkeitsbeschwerde als unbegründet zu verwerfen sei.

Darmstadt, den 25. Jan. 1869. Präs.: Benner.

Refer.: Dr. Röder. Staatsbeh.: Dr. Franck, in Vertretung d. G. St. Pr.

Cass.-Kl.: Wolff.

**Beleidigung des Haupts eines fremden Staats. Nothwendigkeit der Klage des beleidigten Monarchen.**

**Weder aus dem Art. 145 St. G. B., noch aus dem Art. 17 des Preßgesetzes vom 1. August 1862, noch aus einer anderen gesetzlichen Vorschrift ergibt sich, im Falle der Beleidigung des Haupts eines fremden Staats, die Verpflichtung des beleidigten Monarchen, Klage bei dem inländischen Gerichte zu erheben. Die Gerichte werden vielmehr durch das im Schlußsatz des Art. 146 St. G. B. vorgesehene Verlangen der inländischen Staatsregierung mit einer solchen Untersuchungssache befaßt.**

Nr. 554 v. St. w. O. U. S. g. Gries.

Georg Gries, verantwortlicher Redacteur der dahier erscheinenden „Hessischen Volksblätter" war wegen Veröffentlichung eines die Person des Königs von Preußen beleidigenden und verspottenden Artikels in dem von ihm redigirten Blatte zur Untersuchung und Strafe gezogen worden. Die Untersuchung wurde eingeleitet auf Verlangen der Gr. Staatsregierung, welches sich in einem von dem Gr. Ministerium des Inneren an dasjenige der Justiz gerichteten, von letzterem der Staatsanwaltschaft zum Behufe der Einleitung der Untersuchung übersendeten Schreiben Kund gegeben hatte, und endigte in zweiter Instanz mit der Verurtheilung des Gries zu einer Gefängnißstrafe von 4 Wochen. Gegen das verurtheilende Hofgerichtserkenntniß sah sich Gries mit der Nichtigkeitsbeschwerde vor, zu deren Rechtfertigung er sich darauf berief, einmal, daß der incriminirte Artikel wohl eine scharfe Kritik der Regierungshandlungen des Königs von Preußen, keineswegs aber eine Verspottung der Person desselben enthalte, sodann aber, daß bei Beleidigungen der Häupter fremder Staaten, wie bei Injurien überhaupt, zur strafrechtlichen

Verfolgung die im Fragefalle nicht vorliegende Klage des beleidigten Monarchen oder wenigstens der betr. Staatsregierung erforderlich sei.

Die Staatsbehörde beantragte die Verwerfung der Richtigkeitsbeschwerde.

## Cassationshofs-Urtheil.

In Erw. der Richtigkeitskläger das gegen ihn eingeleitete strafrechtliche Verfahren darum als unstatthaft bestreitet, weil eine Klage des beleidigten Monarchen, beziehungsweise der königlich Preußischen Staatsregierung nicht vorliege, und diesen Einwand mit Hinweis auf den Artikel 143 des Str. G. B. zu rechtfertigen sucht, daß jedoch, ganz abgesehen davon, daß die angerufene Gesetzesstelle nach richtiger Interpretation eine solche Klage gar nicht verlangt, vielmehr der Art. 146 des Strafgesetzbuchs das gerichtliche Einschreiten nur von dem Verlangen der inländischen Staatsregierung abhängig macht, in dem vorliegenden Falle lediglich das die specielle Materie der Preßvergehen regulirende Gesetz vom 1. August 1862 zur Anwendung zu kommen hat, und der Art. 17 desselben ebenfalls nur das Verlangen der diesseitigen Staatsregierung zur strafrechtlichen Verfolgung erfordert, daß dieses Verlangen aber laut des den Acten beiliegenden Schreibens des Gr. Ministeriums des Innern an jenes der Justiz gestellt worden ist, der erhobene Einwand daher als unbegründet verworfen werden muß.

In Erw. in einer zweiten Richtung der Richtigkeitskläger behauptet, daß der incriminirte Artikel eine zwar scharfe und theilweise ironische Besprechung der Politik des Königs von Preußen und seiner Regierungsmaximen enthalte, daß er sich aber nirgends einer persönlichen Beleidigung und Verspottung desselben im Sinne des Art. 15 des oben erwähnten Preßgesetzes zu Schulden kommen lasse, daß jedoch im Eingange der König spöttischer Weise „als einer der besten Deutschen, als Repräsentant des idealen Zukunfts-Deutschland" bezeichnet, sodann zu einer näheren Besprechung der von Demselben bei Schließung des Zollparlaments gehaltenen Thronrede übergegangen und zunächst bemerkt wird: „der König habe die im Parlamente durchgefallene Adresse vom Throne aus nachgeholt" — daß im Verlauf des Artikels einzelne in der Rede ausgesprochene [illegible]nken ins Lächerliche gezogen oder mit höhnischen Seitenbemerkungen versehen und entstellt wiedergegeben oder Demselben kleinliche und unlautere Motive unterlegt werden, daß schließlich in der Stelle, welche mit den Worten beginnt: „ich bin ja so gewissenhaft“ auf eine dem Könige satyrische Weise Worte des eignen Lobes in den Mund gelegt worden, welche, in dieser Form vorgebracht, nur den Zweck haben können, ihn als „gewissenlos“ „vertragsbrüchig“ und „unehrenhaft“ zu bezeichnen; daß hierauf die Analyse der Thronrede mit den Worten schließt: „So König Wilhelm. Und jetzt wir“, worauf der König in folgender Redewendung apostrophirt wird: „Rächt sich Biarritz, Majestät?! Rächt sich Biarritz, Majestät?“ — daß die Hervorhebung dieser Stellen genügt, um darzuthun, daß es nicht die Absicht des Artikels war, die Regierungshandlungen des Königs und dessen Politik einer ernsten und freimüthigen Kritik zu unterziehen; daß vielmehr die unverkennbare Tendenz desselben nach Form und Inhalt dahin ging, die Person Sr. Majestät des Königs von Preußen, anläßlich eines von ihm persönlich vollzogenen Actes, mit Hintansetzung jeder dem Souverain schuldigen Achtung und Ehrerbietung zu beleidigen und zu verspotten, —

daß mithin der Thatbestand des Art. 15 des Preßgesetzes vorliegt und die vorderen Gerichte mit Recht die Strafbestimmung desselben in Anwendung gebracht haben.

In Erw., die von dem Nichtigkeitskläger in einer dritten Richtung gegen das Maß der ihm zuerkannten Strafe vorgebrachten Gründe der Kritik des obersten Gerichts nicht unterliegen, daß hiernach die Nichtigkeitsbeschwerde nach ihren beiden ersten Richtungen als unbegründet und nach der dritten als unzulässig zu verwerfen ist:

durch Urtheil hiermit zu Recht erkannt:

daß die erhobene Nichtigkeitsbeschwerde theils als unzulässig, theils als unbegründet zu verwerfen und der Nichtigkeitskläger in die durch dieselbe entstandenen Kosten, liquidirt auf fünf Gulden fünfzehn Kreuzer zu verurtheilen sei.

Darmstadt, 25. Jan. 1869. Präs.: Venner.

Ref.: Dr. Röder. Staatsbeh.: Dr. Franck, in Vertretung d. G. St. P.

Nichtigk.-Kl.: Emmerling II.

**Familiendiebstahl. Nothwendigkeit der Klage gegen die Theilnehmer an einem solchen, welche mit dem Bestohlenen nicht verwandt sind.**

Ist ein Diebstahl von mehreren Personen verübt worden, von welchen Einer oder Einige in dem im Art. 358 St. G. B. genannten Verwandtschaftsverhältniß mit dem Bestohlenen stehen, andere aber mit demselben nicht verwandt sind, so ist zur strafrechtlichen Verfolgung dieser Letzteren die Klage des Familienhaupts oder des Bestohlenen nicht erforderlich.

Nr. 555 pön. v. St. u. O. U. S. Diebstahl zum Nachtheile der Wittwe Stühlinger.

---

Die Proceßgeschichte sowie die zur Entscheidung gekommene Rechtsfrage ergeben sich zur Genüge aus folgendem

## Cassationshofs-Urtheil:

Nach Ansicht:

1) des Beschlusses der Anklagekammer des Gr. Hofgerichts der Provinz Starkenburg vom 13./21. November 1868, durch welchen die von dem Staatsanwalte am Gr. Bezirksstrafgericht Darmstadt gegen die Verfügung des Gr. Landgerichts Reinheim vom 8. September 1868, welche die Einstellung der rubricirten Untersuchung, weil einen Familiendiebstahl betreffend, auch in ihrer Richtung gegen einen, nicht unter die Bestimmung des Artikels 358 des Strafgesetzbuchs fallenden Theilnehmer verordnete, ergriffene Beschwerde als unbegründet verworfen worden ist;
2) der hiergegen gerichteten Beschwerdeschrift des Gr. Ober-Staatsanwalts an dem Gr. Hofgerichte, in welcher auf

Grund der Art. 280 und 452, Nr. 3. der Strafproceßordnung beantragt wird:

die erhobene Beschwerde für begründet zu erkennen und demgemäß, unter Aufhebung der hofgerichtlichen Verfügung und des landgerichtlichen Beschlusses in der hier fraglichen Richtung, weiter zu verfügen, was Rechtens,

nach Anhörung des von dem ernannten Referenten, dem Großh. Oberappellations- und Cassations-Gerichtsrath Dr. Röder, erstatteten Vortrags, sowie nach Vernehmung der Staatsbehörde, welche den Antrag stellte:

den Beschluß des Hofgerichts dahier vom 13. November v. J. zu vernichten und, selbst erkennend, die Beschwerde des Staatsanwalts am Bezirksstrafgericht dahier gegen den Beschluß des Landgerichts Reinheim vom 8. September v. J. für begründet zu erklären und demgemäß gedachtes Landgericht anzuweisen, die Untersuchung gegen Philipp Stühlinger von Reinheim wegen Theilnahme an dem bei der Wittwe Stühlinger verübten Diebstahle fortzusetzen und zu Ende zu führen,

und nach der, in Abwesenheit der Staatsbehörde, im Berathungszimmer gepflogenen Berathung.

In Erw. das Großh. Landgericht Reinheim die Untersuchung wegen des zum Nachtheile der Wittwe Stühlinger daselbst verübten Diebstahls von zwei Simmern Walzen einstellte, nachdem dieselbe erklärt hatte, daß der Diebstahl von ihrem Sohne Daniel Stühlinger verübt worden sei, und daß sie denselben nicht bestraft haben wolle, indem es unter diesen Umständen an der im Art. 358 des Strafgesetzbuchs vorgesehenen Klage des Familienhauptes fehle;

daß der Gr. Staatsanwalt gegen diese unbedingte Einstellung der Untersuchung Beschwerde erhob und dieselbe damit zu rechtfertigen suchte, daß, wenn auch die weitere strafrechtliche Verfolung gegen Daniel Stühlinger in Folge der Erklärung seiner Mutter nicht mehr statthaft gewesen wäre, die Untersuchung jedoch zugleich erhebliche Indizien für eine strafbare Theilnahme gegen einen gewissen Georg Philipp Stühlinger, der nicht zu den im Art. 358 des Strafgesetzbuchs aufgeführten Verwandten gehöre, ergeben habe, und somit gegen Diesen die Verfolgung hätte fortgesetzt werden müssen,

In Erw. die Anklagekammer des Gr. Hofgerichts dahier durch den oben erwähnten Beschluß diese Beschwerde als unbegründet verwarf, indem dafür, daß der genannte Georg Philipp Stühlinger als physischer Urheber bei dem fraglichen Diebstahle mitgewirkt habe, keine Indizien vorlägen, insoweit aber Derselbe als Anstifter, Gehülfe oder Begünstiger dabei mitgewirkt habe, könne diese Mitwirkung nicht als eine Betheiligung an einem Verbrechen oder Vergehen angesehen werden, da das Gesetz den Diebstahl selbst Mangels einer Klage nicht als solches behandelt haben wolle;

In Erw. die gegen diese Entscheidung Seitens der Staatsbehörde verfolgte Nichtigkeitsbeschwerde vollkommen begründet erscheint: der Art. 358 des Strafgesetzbuchs erklärt nämlich durchaus nicht, daß der Diebstahl unter den dort benannten Personen überhaupt nicht als Verbrechen behandelt und bestraft werden solle, er macht vielmehr nur als Ausnahme von der allgemeinen Regel mit Rücksicht auf den Frieden und die Geheimnisse der Familie, sowie auf die besonderen Umstände, welche zu einer Entwendung unter nahen Verwandten verleiten können, die Strafbarkeit einer solchen von der Klage des Familienhaupts oder des Bestohlenen abhängig. — Der objectiv strafbare Character wird hierdurch dem Familiendiebstahle nicht benommen; insoweit daher Dritte bei demselben mitgewirkt haben, fällt diese Begangenschaft unter den Titel VI. des Strafgesetzbuchs, und sind diese nach den dort ausgesprochenen allgemeinen Grundsätzen zur strafrechtlichen Verantwortung zu ziehen.

In Erw. daß auch die Bestimmung des Artikels 56 des Strafgesetzbuchs hieran nichts ändert, indem derselbe voraussetzt, daß die strafrechtliche Verfolgung gegen jeden der Betheiligten von einer vorausgegangenen Klage abhänge, daß hiernach die erhobene Nichtigkeitsbeschwerde sich als begründet darstellt und in der Hauptsache selbst, nach Vorschrift des Artikels 458 der Strafproceßordnung das Geeignete zu erkennen ist, — wird durch Urtheil hiermit zu Recht erkannt:

> daß der Beschluß der Anklagekammer des Großh. Hofgerichts der Provinz Starkenburg vom 13. November 1868 zu vernichten, der Beschwerde des Gr. Staatsanwalts an dem Bezirksstrafgerichte Darmstadt gegen die Verfügung des Großh. Landgerichts Reinheim vom 8. September 1868 stattzugeben und dem genannten Untergericht aufzugeben sei, die Untersuchung gegen Georg Philipp Stühlinger von Reinheim wegen Theilnahme an dem zum Nachtheile der Wittwe Stühlinger daselbst

verübten Diebstahle von zwei Simmern Waizen einzuleiten und fortzusetzen.

Darmstadt, 15. Febr. 1869. Präs.: Benner.

Ref.: Dr. Röder. Staatsbeh.: Dr. Franck, in Vertretung d. G. St. P.

Nichtigk.-Kl.: Siebert.

## Jagdstrafgesetz. Heegzeit.

**Für den Dachs besteht, nach Art. 7 u. 30 des J. St. G., die allgemeine Heegzeit.**

(Nr. 557 pön. v. Stark. u. Oberh.) Jagdstrafsache g. Kornmann IV.

Heinrich Kornmann IV. von Deckenbach, von der Forstbehörde zur Anzeige gebracht, daß er während der allgemeinen Heegzeit einen Dachs geschossen habe, war von Gr. Landgericht Homberg durch Urtheil vom 17. October 1868 deßhalb in eine Geldstrafe von 15 fl. verurtheilt worden (Art. 31 J. St. G.). Auf ergriffene Appellation hob Gr. Hofgericht zu Gießen dieses Urtheil auf und sprach den Denunciaten von Strafe und Kosten frei, weil es von der Ansicht ausging, daß der Dachs als ein Raubthier nach Art. 30 J. St G. eine Heegzeit nicht beanspruchen könne.

Gegen dieses Urtheil sah sich der Ober-Staatsanwalt am Gr. Hofgerichte zu Gießen mit der Nichtigkeitsbeschwerde vor, welcher die Staatsbehörde am obersten Gerichtshofe stattzugeben beantragte.

## Cassationshofs-Urtheil:

In Erw.:

der Dachs, in dem Art. 7, Nr. 1. des Jagdstrafgesetzes vom 19. Juli 1858 ausdrücklich unter denjenigen Thieren, welche Gegenstand der Jagd sind, namhaft aufgeführt wird, daß derselbe daher während der Heegzeit nach Art. 30 und 31 desselben Gesetzes nicht geschossen werden darf; daß die gegentheilige Entscheidung des Gr. Hofgerichts Gießen die erwähnten Gesetzesstellen verletzt, und dieselbe daher zu vernichten und in der Hauptsache selbst nach Art. 469 der Strafproceßordnung das Geeignete zu erkennen ist; — durch Urtheil hiermit zu Recht erkannt:

> daß das obenerwähnte Urtheil des Gr. Hofgerichts der Provinz Oberhessen vom 20. November 1868 zu vernichten, und, in der Sache selbst, die Appellation des Beschuldigten gegen das Urtheil des Gr. Landgerichts Homberg vom 17. October 1868 als unbegründet zu verwerfen, dieses Urtheil zu bestätigen, und Denunciat in die Kosten der Berufungs-Instanz, wie in jene dieser Instanz, liquidirt auf vier Gulden fünf und vierzig Kreuzer zu verurtheilen sei.

Darmstadt, 15. Jan. 1869. Präs.: Benner.

Ref.: Dr. Röder. Staatsbeh.: Dr. Franck, in Vertretung des G. St. P.

Cass.-Kl.: v. Burl.

## Gerichtsstand der Standesherrn in Polizeisachen.

Das Gesetz vom 18. Juli 1858, die Rechtsverhältnisse der Standesherrn betreffend, hat durch die Strafproceßordnung keine Abänderung erfahren. **Es bildet daher auch unter der Herrschaft des letzteren Gesetzes in Polizeisachen gegen die Häupter der standesherrlichen Familien und die ihnen gleichgestellten Personen das Oberappellationsgericht das untersuchende und erkennende Gericht.**

(Nr. 558 pön. v. Stark. u. Oberh.) P. S. g. den Hrn. Grafen von Stolberg-Ortenberg-Roßla.

---

Der Herr Graf von Stolberg-Ortenberg-Roßla war durch ein das angegriffene Landgerichts-Urtheil bestätigendes Urtheil des Hofgerichts zu Gießen vom 22. December 1868 wegen Zuwiderhandlung gegen den Art. 284 des Polizeistrafgesetzes in eine Geldstrafe verurtheilt worden. Er ergriff gegen dieses Urtheil aus hier nicht zu erörternden Gründen die Nichtigkeitsbeschwerde, welcher die Staatsbehörde am obersten Gericht wegen mangelnder Competenz der angegangenen Gerichte stattzugeben beantragte.

### Cassationshofs-Urtheil:

In Erw.

der Herr Nichtigkeitskläger die Competenz der vorderen Gerichte zwar nicht bestritten hat, die vorliegende Competenzfrage, als der öffentlichen Ordnung angehörend, jedoch von Amtswegen von dem obersten Gerichte zu prüfen ist.

In Erw. nun: daß das Gesetz vom 18. Juli 1858 die Rechtsverhältnisse der Standesherrn des Großherzogthums betr., ausdrücklich bestimmt, daß in Polizeistrafsachen das Oberappellations- und Cassations-Gericht die untersuchende und erkennende Behörde für die Standesherren sein sollen;

daß daher das Landgericht absolut incompetent war, in der vorliegenden Polizeicontravention Untersuchung einzuleiten und Urtheil zu erlassen; — es vielmehr von Amtswegen seine Unzuständigkeit hätte aussprechen müssen;

daß das Hofgericht, indem es die gegen diese Entscheidung ergriffene Berufung verwarf, das Gesetz verletzt hat, die Nichtigkeitsbeschwerde daher nach Art. 459, Nr. 1, der Strafproceßordnung für begründet zu erachten und in der Hauptsache das Geeignete zu erkennen ist; durch Urtheil hiermit zu Recht erkannt:

> daß das Urtheil des Gr. Hofgerichts der Provinz Oberhessen vom 22. December 1868 zu vernichten, der Appellation gegen das Urtheil des Gr. Landgerichts Nidda vom 13. November 1868 Folge zu geben, dieses Urtheil, als in unzuständiger Weise erlassen, aufzuheben, und dem Gr. Kreisamte Nidda zu überlassen sei, sich bei dem zuständigen Gerichte wegen Untersuchung und Bestrafung der betreffenden Polizei-Uebertretung vorzusehen.

Darmstadt, 15. Febr. 1869. Präs.: Bener.

Ref.: Dr. Röder. Staatsbeh.: Dr. Frank
in Vertretung des G. St. P.

Cass.-Kl.: Gräfl. Stollberg'sche Rentkammer Namens des Herrn Grafen.

---

Anm. Als diese Sache zur Cognition des Cassationshofs gelangte, war bereits durch von keiner Seite angegriffenes Zwischenurtheil des Hofgerichts festgestellt worden, daß als der richtige Denunciat der Herr Graf v. Stolberg selbst erscheine. Der Cassationshof war daher nicht in der Lage, die Frage zu entscheiden, ob nicht im Falle polizeilicher Verfehlungen, welche von standesherrlichen Beamten bei Gelegenheit der Verwaltung des standesherrlichen Vermögens begangen werden, der Standesherr selbst oder nicht vielmehr der betreffende Beamte als der richtige Denunciat zu betrachten sei, in welch' letzterem Falle natürlich die gewöhnlichen Competenzregeln eintreten.

**Portodefraudation.**

**Die Strafbestimmungen des Gesetzes vom 2. November 1867, das Postwesen des Norddeutschen Bundes betr., haben keinen lediglich polizeilichen Character. Ihre Anwendung kann in Ermanglung besonderer in dem Gesetz selbst enthaltener Bestimmungen, nur in Uebereinstimmung mit allgemeinen strafrechtlichen Grundsätzen erfolgen. Es ist daher nur der vorsätzliche und wissentliche Gebrauch einer bereits entwertheten Freimarke mit Strafe bedroht, weil, insoweit das Gesetz nicht selbst eine Ausnahme festsetzt, nur die absichtliche Bestimmung des Willens zu einer Gesetzesverletzung in Folge allgemeiner Grundsätze strafbar erscheint.**

Nr. 565 pön. v. St. u. O. U. S. g. Spielmann.

---

In einer Untersuchungssache gegen Ph. Spielmann von Windecken wegen Portodefraudation hatte das Gr. Hofgericht zu Gießen in facto festgestellt, daß der Denunciat lediglich durch eine ohne seine Schuld stattgefundene Verwechslung eine bereits entwerthete Freimarke zur Frankirung eines Briefs benutzt habe und daraufhin freisprechendes Urtheil erlassen. Der Gr. Ober-Staatsanwalt verfolgte, auf Veranlassung der königl. preußischen Oberpostdirection zu Berlin, die Nichtigkeitsbeschwerde gegen dieses Urtheil auf den Grund hin, daß zum Thatbestand der im Artikel 30, Nr. 4 des Postgesetzes vorgesehenen Contravention nur das Vorhandensein der aus dem Wortlaut der Strafbestimmungen sich ergebenden Erfordernisse, nicht aber der Nachweis der Absicht zu defraudiren gehöre, und zwar deßhalb nicht, weil die Strafbestimmungen des Postgesetzes polizeilicher Natur seien.

Die Staatsbehörde am obersten Gerichtshofe beantragte die Verwerfung der Nichtigkeitsbeschwerde.

## Cassationshofs-Urtheil:

In Erw. das Gr. Hofgericht in facto davon ausgegangen ist, daß der Beschuldigte Spielmann am 16. Juni v. J. die zur Frankirung eines Briefes benutzte und bereits entwerthete Freimarke durch eine ohne seine Schuld stattgefundene Verwechslung von dem Sohne seines damaligen Prinzipals als eine noch gültige erhalten und für eine noch ungebrauchte Freimarke gehalten habe, daß er sonach irrthümlich und nicht in der Absicht einer Defraudation des Porto's die bereits entwerthete Marke benutzt habe;

daß das Gr. Hofgericht unter dem Werthe dieser factischen Annahme den Beschuldigten freisprach, weil die Anwendung des §. 30 des Postgesetzes vom 2. November 1867 nach den allgemeinen bei Strafgesetzen geltenden Grundsätzen voraussetze, daß der Contravenient sich absichtlich einer mit Strafe bedrohten Handlung schuldig gemacht habe, von einer solchen strafbaren Absicht (dolus) aber um so weniger die Rede sein könne, als der Beschuldigte die bereits entwerthete Freimarke nicht selbst dem Briefe aufgeklebt, vielmehr dieselbe zu diesem Zwecke dem Postbeamten behändigt habe;

daß der factische Theil dieser Entscheidung der Kritik des obersten Gerichts nicht unterliegt, der rechtliche aber vollständig den allgemeinen strafrechtlichen Grundsätzen entspricht, welche auf das Gesetz vom 2. Nov. 1867 anzuwenden sind;

daß zwar die königlich preußische Oberpostdirection zur Begründung ihres Antrags auf strafrechtliche Verfolgung des vorliegenden Falls behauptet, daß zum Thatbestande der im Art. 30, Nr. 4 des allegirten Postgesetzes vorgesehenen Contravention nur das Vorhandensein der aus dem Wortlaut der Strafbestimmungen sich ergebenden Erfordernisse, nicht aber der Nachweis der Absicht zu defraudiren gehöre, und diese Ansicht damit zu rechtfertigen sucht, daß die betreffenden Strafbestimmungen des Postgesetzes polizeilicher Natur seien, bei Zuwiderhandlungen gegen Polizeigesetze aber nach Art. 22 des Polizeistrafgesetzes eine „böse Absicht" nicht erfordert werde, und dieser allgemeine Grundsatz nach Art. 6 desselben Gesetzes auch auf die neben dem Polizeistrafgesetze fortbestehenden oder noch erlassen werdenden besonderen Polizeigesetze und Verordnungen, mithin auch auf die fraglichen Strafbestimmungen des Postgesetzes Anwendung finden habe;

In Erw. jedoch, abgesehen von der Frage, ob der erwähnte Art. 22 unseres Polizeistrafgesetzes wirklich die ihm beigelegte Tragweite oder eine wesentlich beschränktere habe, die einschlägigen Bestimmungen des Postgesetzes keinenfalls als Polizeigesetze im Sinne des erwähnten Art. 6, sondern als lediglich im Interesse des Postregals erlassene Strafverfügungen aufzufassen, mithin auch nicht die ausnahmsweise Bestimmung des Art. 22 des P. St. G., sondern der allgemeine Grundsatz des Strafrechts Anwendung zu finden hat, wonach nur die absichtliche Bestimmung des Willens zu einer Gesetzesübertretung, insoweit nicht das Gesetz eine besondere Ausnahme statuirt, strafbar ist, eine solche Ausnahme aber der Art. 30 des erwähnten Postgesetzes nicht aufstellt, im Gegentheil die Worte „defraudirtes Porto" darauf hindeuten, daß der Gesetzgeber von den allgemeinen strafrechtlichen Grundsätzen nicht abweichen wollte;

daß hiernach die erhobene Nichtigkeitsbeschwerde als unbegründet zu verwerfen ist;

durch Urtheil hiermit zu Recht erkannt:

daß die erhobene Nichtigkeitsbeschwerde als unbegründet zu verwerfen sei.

Darmstadt, 22. März 1869. Präs.: Benner.

Ref.: Dr. Röder. Staatsbeh.: Dr. Franck, in Vertretung d. G. St. P.

Cass.-Kl.: v. Buri.

---

## Beschwerderecht des Anklägers in Untersuchungssachen.

Dem Ankläger steht, auch bei den nur auf Antrag zu verfolgenden Vergehen, gegen eine Ver-

**fügung des Untersuchungsrichters, wodurch die Einleitung einer von ihm beantragten Untersuchung verweigert, oder die Einstellung der bereits eingeleiteten Untersuchung verordnet oder der Beschuldigte außer Verfolgung gesetzt wird, ein Beschwerderecht nicht zu.**

Nr. 568 pön. v. St. u. O. U. S. g. Leske.

---

Der Schriftsteller Heinrich Becker von Darmstadt hatte gegen den Buchhändler Leske daselbst eine Klage wegen Betrugs erhoben, deren Einstellung wegen mangelnden Thatbestands von dem competenten Stadtgerichte dahier verfügt worden war. Gegen diesen Einstellungsbeschluß verfolgte Becker die Beschwerde an das Gr. Hofgericht dahier, von welchem dieselbe jedoch durch Beschluß vom 22. Januar 1869 als unstatthaft verworfen wurde. Der Ankläger sah sich hiergegen mit der Nichtigkeitsbeschwerde vor.

## Cassationshofs-Urtheil:

Wird nach Einsicht der Acten, insbesondere

1) der von Becker unter'm 22. August v. J. bei dem Gr. Stadtgericht dahier erhobenen Klage wegen eines gegen ihn von Seiten Leske's angeblich bei Eingehung eines mit ihm den 20. September 1866 wegen Uebernahme der Redaction der Hessischen Landeszeitung abgeschlossenen Vertrags ausgeübten Betrugs, ferner wegen eines angeblichen weiteren Betrugs bezüglich des ihm bewilligten Vorkaufsrechts der Druckerei, endlich wegen einer Demselben zur Last gelegten durch betrügliche Mittel bewirkten Verleitung zur Aufgabe seines Nahrungsstandes (Art. 391, 392, 397, Nr. 7, des Strafgesetzbuchs);
2) des stadtgerichtlichen Beschlusses vom 2. December v. J., wodurch die auf Grund dieser Anklage gegen Leske eingeleitet gewesene Untersuchung, wegen Mangels der zum Thatbestande der in Rede stehenden Vergehen erforderlichen objectiven Voraussetzungen, eingestellt;

3) des auf die hiergegen von Becker verfolgte Beschwerde von der Anklagekammer bei dem Großh. Hofgericht der Provinz Starkenburg unter dem 22. Januar dieses Jahres erlassenen Decrets, wodurch diese Beschwerde als formell unstatthaft verworfen worden ist;

4) der bei dem unterzeichneten Gerichtshofe eingelangten von dem Gr. Hofgerichts-Advokaten Buchner II. unterzeichneten Nichtigkeitsbeschwerde, in welcher beantragt wird:

a. die in Rede stehende Anklage, unter Aufhebung der Entscheidungen der beiden Untergerichte, für zulässig zu erklären,

b. das Bezirksstrafgericht zu veranlassen, den in der von Leske gegen ihn angestellten Verläumdungsklage auf den 18. März angesetzten Termin bis zur Erledigung der hier in Rede stehenden Anklage auszusetzen,

auf den von dem ernannten Referenten, dem Gr. Oberappellations- und Cassations-Gerichts-Rathe Dr. Dernburg, erstatteten Vortrag, sowie nach Vernehmung der Staatsbehörde, welche den Antrag stellte:

daß es dem Gerichtshofe gefallen wolle, die Nichtigkeitsbeschwerde, unter Verurtheilung des Querulanten in die Kosten, als unbegründet zu verwerfen;

und nach der in Abwesenheit der Staatsbehörde, im Berathungszimmer, gepflogenen Berathung.

In Erw. der Nichtigkeitskläger seine Beschwerde auf Verletzung des zweiten Absatzes des Art. 275 der Str. P. O. baut, wornach den Zeugen, Sachverständigen und „anderen Personen" ein Beschwerderecht gegen Beschlüsse des Untersuchungsrichters gestattet werde, wenn sie dadurch in ihren Rechten verletzt würden, unter diese Categorie aber auch die Personen fielen, deren Privatrechte durch ein Vergehen in Schaden gekommen seien; diese Behauptung jedoch eine irrige ist, indem in allen Fällen, auch in denen, in welchen das Strafverfolgungsrecht des Staats von der Klage der verletzten Person abhängig ist, dieser zur Wahrung ihrer, durch ein Vergehen geschädigten Privatrechte nur der Civilweg offen steht, dagegen dem Staate allein die vindicta publica im allgemeinen Interesse als ein öffentliches Recht zukommt, das er seinem Wesen nach mit keinem Andern theilt.

In Erw. sonach der Antrag unter a. sich als unbegründet darstellt, jener unter b. aber objectlos ist;

die von dem Ankläger Heinrich Becker gegen den oben erwähnten Beschluß der Anklagekammer des Gr. Hofgerichts dahier erhobene Nichtigkeitsbeschwerde theils als unbegründet, theils als objectlos verworfen.

Also gesprochen und in Anwesenheit der Staatsbehörde verkündigt.

Darmstadt, 26. April 1869. Präs.: Benner.

Ref.: Dernburg. Staatsbeh.: Dr. Franck, in Vertretung d. G. St. P.

Cass.-Kl.: Buchner II.

---

**Rechtsmittel gegen Zwischenurtheile. Aufschiebende Kraft derselben. Einfache Beschwerde. Zulässigkeit einer Vertretung des Beschuldigten in der Appellations-Instanz. Klage des beleidigten Theils.**

1) Da nach Art. 331 St. P. O. Zwischenurtheile nur zugleich mit dem Endurtheile angegriffen werden können, so haben selbstverständlich etwaige gegen Zwischenurtheile sofort angezeigte Nichtigkeitsbeschwerden keine aufschiebende Kraft.

2) Die St. P. O. kennt ein Rechtsmittel der einfachen Beschwerde gegen Beschlüsse und Urtheile der Gerichte zweiter Instanz nicht.

3) Der Art. 445 St. P. O. gestattet die **Vertretung** eines Beschuldigten in der Hauptverhandlung der zweiten Instanz durch einen Specialbevollmächtigten ausnahmsweise nur dann, wenn der Beschuldigte zu einer Geld- oder Gefängnißstrafe verurtheilt worden ist und keine Beweisaufnahme stattfindet. Abgesehen von dieser Ausnahme setzt das im Art. 200 St. P. O. dem Beschuldigten gewährte Recht, sich des **Beistands** eines **Vertheidigers** zu bedienen, die Anwesenheit des Beschuldigten bei der Verhandlung, ohne welche eine unzulässige Vertretung stattfinden würde, voraus.

4) Eine durch Vermittlung des Justizministeriums an die Staatsanwaltschaft gelangtes, von dem Ministerpräsidenten und Minister des Inneren unterzeichnetes Schreiben des Ministeriums des Inneren ist als eine vollkommen genügende Klage des beleidigten Theils, sowohl für das Vergehen der Verletzung der Amts- u. Dienstehre, als für das der Schmähung der Staatsbehörden zu betrachten.

Nr. 572 pön. v. St. u. O. U. S. g Schemm.

---

**Gustav Schemm**, verantwortlicher Redacteur der in Darmstadt erscheinenden Main-Zeitung, war wegen dreier in dieser Zeitung erschienenen Artikel, in welcher die Behörden zum Theil eine Verletzung der Amts- und Dienstehre des Großh. Ministerpräsidenten, zum Theil eine Schmähung der Staatsbehörden erblickten, zur Untersuchung gezogen worden.

Während das Gericht erster Instanz in dem Inhalte der **drei** Artikel eine Schmähung der Gr. Staatsbehörden erblickte, und demgemäß den Beschuldigten in eine Correctionshausstrafe von 5 Monaten und eine Geldstrafe von 200 fl. verurtheilte, ging das Hofgericht dahier von der Ansicht aus, daß durch zwei dieser Artikel nur das Vergehen der Verletzung der Amts- und Dienstehre begangen worden sei, und setzte demgemäß die dem Schemm in erster Instanz zuerkannte Strafe auf eine Gefängnißstrafe von 3 Monaten und eine Geldbuße von 100 fl. herab.

Gegen dieses letztere Urtheil, sowie gegen ein von dem Gr. Hofgericht bei der Hauptverhandlung erlassenes Zwischenurtheil, durch welches das Auftreten eines Vertheidigers für unzulässig erklärt wurde, sahen sich sowohl der Gr. Ober-Staatsanwalt, als der Beschuldigte mit der Nichtigkeitsbeschwerde vor, welche der Letztere mit folgenden Cassationsmitteln zu begründen versuchte:

1) Es sei dem Beschuldigten das rechtliche Gehör versagt worden, indem ihm, der in der öffentlichen Verhandlung vor dem Hofgericht nicht erschienen sei, nicht verstattet worden sei, sich des Beistands eines Vertheidigers zu bedienen, obwohl der Art. 445 St. P. O. nur die Vertretung durch einen Specialbevollmächtigten, welcher zu Zugeständnissen und verbindenden Erklärungen ermächtigt sei, nicht aber die Verbeistandung durch einen Vertheidiger untersage.

2) Es seien die Grundsätze über die aufschiebende Kraft der Rechtsmittel verletzt worden, indem trotz des gegen die Verhandlung ohne Zuziehung des Vertheidigers erhobenen Widerspruchs und Anzeige von Rechtsmitteln dagegen in der Verhandlung fortgefahren worden sei.

3) Es fehle an einer förmlichen Klage des beleidigten Theils.

4) Die incriminirten Artikel seien nicht strafbar, da ihr Inhalt nicht beleidigend sei, sondern nur eine erlaubte Kritik der Regierungshandlungen übe.

Der Gr. Oberstaatsanwalt begründete die von ihm verfolgte Nichtigkeitsbeschwerde damit, daß durch jeden der drei Artikel

demgemäß das Urtheil des Hofgerichts theilweise zu cassiren, die von dem Beschuldigten verfolgte Cassation aber in allen ihren Richtungen zu verwerfen.

## Cassationshofs-Urtheil:

In Erw. was zunächst die unterm 13. März l. J. gegen das Zwischenurtheil des Hofgerichts vom 10. März l. J. eingelegte Nichtigkeitsbeschwerde, sowie die gegen dasselbe Urtheil eventuell eingelegte einfache Beschwerde angeht, beide Rechtsmittel sich als unzulässig darstellen, und zwar das erste darum, weil Zwischenurtheile nach Art. 331 der Str. P. O. nur in Verbindung mit dem Endurtheil durch die Nichtigkeitsbeschwerde angegriffen werden können, das zweite um deßwillen, weil nach Art. 333 ibid. die einfache Beschwerde im vorliegenden Falle nicht gegeben ist;

In Erw. die Nichtigkeitsbeschwerde des Beschuldigten gegen das Endurtheil vom 19. März l. J. zunächst darauf gestützt wird, daß dem Vertheidiger bei der Verhandlung am 10. März das rechtliche Gehör versagt worden sei;

In Erw. daß jedoch der Beschuldigte, obschon in gesetzlicher Weise vorgeladen, zu dieser Verhandlung nicht erschienen war, — daß das in Art. 200 der Str. P. O. dem Beschuldigten gewährte Recht, sich des Beistandes eines Vertheidigers zu bedienen, die Anwesenheit des Beschuldigten bei der Verhandlung voraussetzt,

daß, insoweit derselbe sich durch einen Specialbevollmächtigten vertreten lassen wollte, diese Befugniß durch den Art. 211 der Str. P. O. im Allgemeinen ausgeschlossen ist, der Art. 445 dieselbe in der Appellations-Instanz zwar ausnahmsweise dann gestattet, wenn der Beschuldigte zu einer Geld- oder Gefängnißstrafe verurtheilt ist, Schemm aber zu einer Correctionshausstrafe von 5 Monaten verurtheilt war, daher diese Ausnahmsbestimmung im vorliegenden Fall keine Anwendung finden kann; daß demnach der Antrag des Nichtigkeitsklägers, unter Aufhebung des Hofgerichts-Urtheils, welches die Zulassung eines Vertheidigers ausgeschlossen, und des darauf folgenden Verfahrens die Sache an das Hofgericht zurückzuverweisen, eventuell dem Hofgericht aufzugeben, einen neuen Verhandlungstermin anzuberaumen, als unbegründet zu verwerfen ist, da dieses Gericht dem Gesetze gemäß verfahren hat;

In Erw. der Nichtigkeitskläger in einer zweiten Richtung sich über eine Verletzung der Grundsätze über die aufschiebende Kraft der Rechtsmittel beschwert, indem trotz des gegen die Verhandlung ohne Zuziehung des Vertheidigers erhobenen Widerspruchs und Anzeige von Rechtsmitteln dagegen in der Verhandlung fortgefahren worden sei,

daß dieses Mittel in facto et jure unbegründet ist, in facto um deßwillen, weil das Gericht den Widerspruch des Vertheidigers nicht unberücksichtigt ließ, denselben vielmehr durch das Zwischenurtheil vom 10. März als unbegründet abwies und die sofortige Verhandlung verordnete, der Beschuldigte resp. dessen Vertheidiger aber gegen diese Entscheidung nicht sofort, sondern erst am 13. März, nachdem laut des Sitzungsprotokolls die Verhandlungen bereits geschlossen waren, Nichtigkeitsbeschwerde erhob; — in jure um deßwillen, weil Nichtigkeitsbeschwerden gegen die bei der Hauptverhandlung erlassenen Zwischenurtheile darum eine aufschiebende Kraft nicht beigemessen werden kann, weil diese nach Art. 331 resp. 333 der Str. P. O. nicht vor dem Endurtheil und nur zugleich mit diesem durch Rechtsmittel angegriffen werden können."

In Erw. der Beschuldigte weiter das Endurtheil des Hofgerichts darum als nichtig angreift, weil bei der Publikation desselben ein Mitglied des Gerichts mitgewirkt habe, das der Hauptverhandlung nicht beigewohnt habe."

In Erw. daß nach Art. 6 der Str. P. O. bei der aus einer mündlichen Verhandlung zu schöpfenden Entscheidung nur Gerichtsmitglieder mitwirken dürfen, welche bei dieser Verhandlung anwesend waren, daß dieser Vorschrift im vorliegenden Falle vollständig genügt wurde, indem ausweislich des Sitzungsprotokolls vom 10. März l. J. die Verhandlung an diesem Tage unter fortwährender Anwesenheit derselben Mitglieder bis zum Schlusse geführt, von denselben Mitgliedern das Urtheil erlassen und dessen Verkündigung auf den 19. März vertagt wurde,

daß dieses Urtheil auch von sämmtlichen bei der Verhandlung anwesenden Mitgliedern unterzeichnet ist; daß wenn bei der Publikation dieses Urtheils in Folge der Verhinderung des Vorsitzenden, wie dies das Sitzungsprotokoll constatirt, ein anderes Mitglied des Gerichts mitgewirkt hat, hierdurch dessen Rechtsgültigkeit, die in gesetzlicher Weise zu Stande gekommen war, nicht beeinträchtigt werden kann;

In Erw. der Nichtigkeitskläger in vierter Richtung behauptet, es mangle die nöthige Klage der angeblich beleidigten

Stelle resp. des angeblich beleidigten Beamten, indem einzig eine Klage des Großh. Ministeriums des Innern vorliege, während das Urtheil des Hofgerichts den Beschuldigten nicht wegen Beleidigung dieser Staatsbehörde zur Strafe gezogen habe, eine ausdehnende Interpretation einer Anklage rechtlich nicht zulässig sei.

In Erw. jedoch das den Acten beiliegende von dem Minister des Innern und Vorsitzenden des Gesammt-Ministeriums unterzeichnete Rescript des Großh. Ministeriums des Innern die strafrechtliche Verfolgung der incriminirten Artikel auf Grund des Art. 29 und eventuell des Art. 30 des Preßgesetzes verlangt, und daher vollständig genügt, um den Beschuldigten sowohl wegen der Beleidigung der Person des Minister-Präsidenten in Bezug auf seine Dienstverrichtungen, (insoweit das Gericht dieselben als vorhanden annehmen zu müssen glaubte), wie auch wegen Schmähung der Staatsregierung überhaupt, als deren Repräsentant der unterzeichnete Minister, als Präsident des Gesammt-Ministeriums erscheint, zur Rechenschaft zu ziehen. (Vgl. Urtheil dieses Gerichts vom 20. Febr. 1849 a Löhr.)

In Erw. der Nichtigkeitskläger endlich behauptet, daß die incriminirten Artikel an sich nicht strafbar seien, keine Beleidigung involvirten, sondern nur eine erlaubte und sogar im Interesse des Gemeinwohls gebotene Kritik der Regierungshandlungen enthielten; daß im Zusammenhange mit dieser Beschwerde jene des Großh. Oberstaatsanwalts steht, welche dahin gerichtet ist, daß das Hofgericht mit Unrecht in den Artikeln Nr. 281 und 286 der Mainzeitung eine Schmähung des Großh. Minister-Präsidenten und nicht, wie in Nr. 285 derselben Zeitung, der Staatsbehörden im Allgemeinen erkannt habe,

daß daher beide Beschwerden zusammen zu prüfen sind — daß der in Nr. 281 der erwähnten Zeitung erschienene „eine Lehre“ überschriebene Artikel mit den Worten beginnt:

„im Großherzogthum Hessen ist einmal etwas Vernünftiges passirt“

hierauf der Beschluß der Großh. Staatsregierung, die Münchener Militär-Conferenz nicht zu beschicken, in ironischer Weise belobt und nicht entscheiden zu wagen erklärt, „ob diese vernünftige Anschauung ein Originalgedanke unseres Kriegsministeriums und Darmstädter Gewächs oder von Berlin ausgegangen sei“, daß der Artikel sodann das Verhalten des Großh. Ministerpräsidenten gegenüber der zur Lösung der römischen Frage von Frankreich proponirten Conferenz verspottet und ins Lächerliche zieht, die bundesstaatliche Treue und Gesinnung de-

Großh. Regierung mit Hinweis auf einen Artikel der Darmstädter Zeitung, welche als „officiöses Organ" bezeichnet und von deren Inspiratoren gesprochen wird, verdächtigt und derselben eine unwürdige Haltung dem Auslande gegenüber vorwirft.

In Erw. das Hofgericht nicht auf dem Wege der Interpretation zu der Ansicht gekommen ist, daß dieser Artikel eine Beleidigung des Minister-Präsidenten im Sinne des Art. 30 des Preßgesetzes und nicht der Großh. Staatsbehörden enthalte, vielmehr seine Entscheidung lediglich mit dem Hinweis auf den Inhalt des an sich unzweideutigen Artikels selbst zu rechtfertigen versucht, daher die Zulässigkeit der Seitens des Großh. Oberstaatsanwalts erhobenen Nichtigkeitsbeschwerde — als die Frage der Subsumtion des feststehenden Thatbestandes unter das Gesetz betreffend, — nicht zu beanstanden ist; der Inhalt selbst aber dieselbe vollständig rechtfertigt, indem der Eingang wie der Schluß des Artikels bei seiner allgemeinen Fassung nicht sowohl auf die Person des Großh. Minister-Präsidenten, als vielmehr auf die mit der Leitung der Staatsgeschäfte überhaupt betrauten Behörden bezogen werden muß, anderen Theils aber soweit der Name des Großh. Minister-Präsidenten erwähnt wird, dies nur in Bezug auf seine amtliche Wirksamkeit und das von ihm als Vertreter der Staatsregierung bei der proponirten Conferenz eingehaltene Verfahren geschieht, und sein deßfallsiges Verhalten verspottet wird, daß der Art. 29 des Preßgesetzes aber gerade die herabwürdigende Verspottung der Staatsbehörden im Allgemeinen oder einzelner derselben, oder deren Verfügungen mit Strafe bedroht, der incriminirte Artikel daher alle Voraussetzungen in sich vereinigt, um obige Strafbestimmung auf ihn zur Anwendung zu bringen,

daß der Artikel in Nr. 286 der Mainzeitung von 1867 „Unser neuester Erfolg" dieselbe strafbare Tendenz in noch weit höherem Grade verfolgt, indem er im Eingang erklärt: „man „ließe von gewisser Seite bei uns keine Gelegenheit vorüber„gehen, sich gründlich zu — — — — — das Glück „Hesse" „zu sein, und von Hrn. von Dalwigk regiert zu werden, könne „kein ungetrübtes genannt werden, es sei keine Kleinigkeit, sich „so quasi zum Gegenstand eines europäischen Gelächters ge„macht zu sehen" „kein anderes Gefühl, das einem Volke be„reitet werden könne, sei diesem an Schmerzlichkeit an die Seite „zu setzen" „in den verschiedensten Organen der Presse werde „nur eine Melodie des schneidensten Hohns abgespielt, in wel„chem Concerte das vorgebliche Lob der Hessischen Regie-

„rung aus dem Munde der Pariser Offiziösen am unerträglichsten heraustöne".

„Auch in der Bismarckischen Depesche vom 24. November „sei der ungeheuerste Hohn mit Händen zu greifen". „Werde „es nicht eine Gränze dessen geben, was das Volk von Hessen vertragen könne",

daß alle diese Ausfälle sich ebenfalls auf das Verhalten der Großh. Staatsregierung bei der oben erwähnten Conferenz und deren in dieser Beziehung erlassenen Verfügungen beziehen, und diese durch herabwürdigenden Spott und Vorbringen entstellter Thatsachen beleidigt und dem Hasse ausgesetzt werden sollte, das Hofgericht daher vor Allem den Thatbestand des Delictes des Art. 29 als vorhanden annehmen mußte.

In Erw. auf eine Prüfung der weiteren Frage, ob der fragliche Artikel sowie jener in Nr. 281 nicht zugleich eine Beleidigung der Person des Großh. Minister-Präsidenten im Sinne des Art. 30 enthalte, nicht einzugehen ist, da die deßfallsige Klage nur eventuell erhoben wurde,

wenn hiernach die Nichtigkeitsbeschwerde der Großh. Staatsbehörde in Bezug auf die beiden erwähnten Artikel sich als begründet darstellt, hiermit jene des Beschuldigten, die auf die Behauptung der Straflosigkeit derselben gestützt wird, in sich zerfällt.

In Erw. daß den Artikel in Nr. 285 der Mainzeitung „die neueste Hessische Elegie" anlangend, auch in dieser Beziehung die Nichtigkeitsbeschwerde des Beschuldigten sich als unbegründet erweist, indem darin derselbe Gegenstand — die Conferenzfrage — in derselben strafbaren Weise wie in den beiden obigen Artikeln behandelt wird, und das Hofgericht darin mit Recht eine Zuwiderhandlung gegen den Art. 29 erkannt hat,

daß hiernach unter Verwerfung der Nichtigkeitsbeschwerde des Beschuldigten, jene der Staatsbehörde für begründet zu erklären und das Urtheil des Hofgerichts insoweit zu vernichten ist, als es in den beiden Artikeln Nr. 281 und 286 der Mainzeitung eine Zuwiderhandlung gegen den Art. 30, nicht gegen den Art. 29 des Preßgesetzes erkannt und bei der Festsetzung der deßfallsigen Strafe den ersteren Artikel (30) und nicht den zweiten zur Anwendung gebracht hat,

daß demnach in dieser Beziehung nach Vorschrift des Art. 469 der Strafprozeßordnung von neuem über den Appell des Beschuldigten gegen das Urtheil des Bezirksstrafgerichts dahier vom 22. Februar 1868 zu erkennen ist,

daß, da die Strafbarkeit der beiden Artikel nach Obigem

feststeht und nur zu untersuchen ist, ob die dafür erkannte Strafe eine nicht zu hoch gegriffene ist,

daß das Bezirksstrafgericht hier mit Recht eine materielle Concurrenz angenommen und für den Artikel in Nr. 286 der Mainzeitung als das schwerste Vergehen eine Correctionshausstrafe von vier Monaten und eine Geldbuße von 100 fl. in Ansatz gebracht und für den Artikel in Nr. 281 eine Geldstrafe von 75 fl. und eine Gefängnißstrafe, welche als Erschwerungsgrund bei Zuerkennung der Correctionshausstrafe in Betracht komme, und die nach dem decisorischen Theile des Erkenntnisses mindestens als in 14 Tage Correctionshaus verwandelt anzunehmen ist, für angemessen erklärte; daß diese Ansätze mit Rücksicht auf die Böswilligkeit und die Beharrlichkeit der Angriffe nicht zu hoch erscheinen, und daher der Appell des Beschuldigten in dieser Beziehung zu verwerfen ist,

daß, wenn auch das hofgerichtliche Urtheil, so weit es sich mit der Bestrafung des durch den Artikel in Nr. 285 begangenen Delicts befaßt, nicht vernichtet wird, das oberste Gericht doch die von demselben in Ansatz gebrachte Gefängnißstrafe, da sie nach obiger Entscheidung mit Correctionshausstrafe concurrirt, in Gemäßheit der Art. 9 und 16 des Gesetzes vom 23. Febr. 1849 als erschwerenden Umstand in Betracht ziehen und dem entsprechend in Correctionshausstrafe verwandeln muß,

daß ein Gleiches bezüglich der wegen Beleidigung des Landgerichts Offenbach durch das rechtskräftige Urtheil des Großherzoglichen Bezirksstrafgerichts dahier vom 13. Februar 1868 ausgesprochenen sechswöchentlichen und in dem Hofgerichtsurtheile vom 10./19. März 1869 auf drei Wochen reduzirten Gefängnißstrafe der Fall ist, daß demgemäß die Gefängnißstrafen für beide Preßvergehen in eine Correctionshausstrafe von drei Wochen verwandelt werden, so daß die gesammte durch den Beschuldigten zu verbüßende Freiheitsstrafe 5 Monate 8 Tage Correctionshaus beträgt, daß es dagegen bei den für die beiden letzteren Delicte ausgesprochenen Geldstrafen sein Bewenden behält,

daß der Beschuldigte in die Kosten dieser Instanz wie in jene des vernichteten Hofgerichts-Verfahrens zu verurtheilen ist,

durch Urtheil zu Recht erkannt:

1) daß die Nichtigkeitsbeschwerde des Beschuldigten Schemm gegen das Zwischenurtheil des Großherzoglichen Hofgerichts der Provinz Starkenburg vom 10. März l. J. sowie die eventuelle einfache Beschwerde gegen dasselbe Urtheil als unzulässig, jene gegen das Endurtheil vom 10./19. März l. J., ohne Rücksicht auf dessen unbe-

gründete Haupt- und Subsidiar-Anträge theils als unzulässig, theils als unbegründet zu verwerfen;

2) daß dagegen die Nichtigkeitsbeschwerde der Großherzoglichen Staatsbehörde gegen dieses Urtheil begründet zu erklären, und dasselbe insoweit zu vernichten sei, als es in den beiden Artikeln Nr. 281 und 286 der Mainzeitung von 1867 überschrieben „Eine Lehre“ und „Unser neuester Erfolg“ eine Zuwiderhandlung gegen den Artikel 60 und nicht gegen den Art. 29 des Preßgesetzes vom 1. August 1862 erkannt und in Anwendung der ersteren Gesetzesstelle für den Artikel in Nr. 286 eine Gefängnißstrafe von sechs Wochen und eine Geldbuße von 50 fl., für den Artikel in Nr. 281 eine Gefängnißstrafe von einem Monate — in gesetzlicher Weise reduzirt, und eine Geldbuße von 25 fl. bei Festsetzung der Gesammtstrafe in Anrechnung gebracht hat;

3) daß — in beiden Beziehungen von Neuem über die Appellation des Beschuldigten Schemm gegen das Urtheil des Bezirksstrafgerichts Darmstadt vom 22. Febr. 1868 erkennend — dieselbe bezüglich der beiden Delicte — begangen durch die Artikel in Nr. 281 u. Nr. 286 der Mainzeitung — als unbegründet zu verwerfen und die in dem Urtheile erster Instanz für dieselben angesetzte Correctionshausstrafe von vier Monaten vierzehn Tagen, sowie die Geldstrafen von einhundert Gulden und fünf und siebenzig Gulden, sowie die ergangene Kostencondemnation zu bestätigen sei;

4) daß die in dem Urtheil des Hofgerichts v. 10./19. März l. J. für den Artikel in Nr. 285 der Mainzeitung von 1867 verbleibende Gefängnißstrafe und die in dem rechtskräftigen Urtheil des Bezirksstrafgerichts Darmstadt vom 13. Februar 1868 wegen Beleidigung des Landgerichts Offenbach ausgesprochene Gefängnißstrafe von sechs Wochen, reduzirt in dem Urtheil des Hofgerichts vom 10./19. März 1869 in eine solche von drei Wochen, zusammen in eine Correctionshausstrafe von drei Wochen umzuwandeln seien, und demnach die gesammte dem Beschuldigten für sämmtliche Preßvergehen zur Last fallende Freiheitsstrafe 5 Monate 8 Tage Correctionshaus zu betragen habe,

daß die Geldstrafen, welche für die sub 4 verzeichneten Preßvergehen von den vorderen Gerichten ausgesprochen worden sind, bestehen bleiben sollen;

5) daß der Nichtigkeitskläger in die Kosten des vernichteten Verfahrens und in jene dieser Instanz zu verurtheilen sei, letztere liquidirt auf sieben Gulden fünf und vierzig Kreuzer.

Darmstadt, 10. Mai 1869. Präs.: Benner.

Ref.: Dr. Röder. Staatsbeh.: Dr. Franck, in Vertretung des G. St. P.

Nichtigk. Kl.: Siebert u. Dernburg.

---

### Rechtliche Erheblichkeit einer von dem Angeklagten beantragten Zusatzfrage an die Geschworenen. (Art. 370 St. P. O.).

Eine Zusatzfrage, welche von den Geschworenen für den Fall der Verneinung der Hauptfrage beantwortet werden soll, ist zwar für die anklagende Staatsbehörde, keineswegs aber für die Vertheidigung von rechtlicher Erheblichkeit (Art. 370 St. P. O.). Sie steht vielmehr mit dem rechtlich allein zu beachtenden Interesse der Vertheidigung in diametralem Widerspruch, weßhalb dem Antrag der Letzteren auf Stellung einer solchen nicht stattgegeben werden darf.

(Nr. 575 v. St. u. O.) U. S. g. Ballmann.

Georg Adam Ballmann von Unter-Schönmattenwaag war wegen des Verbrechens der vollendeten Nothzucht vor die Assisen der Provinz Starkenburg verwiesen worden. Während der Verhandlung nahmen sowohl der Gr. Ober-Staatsanwalt, als der Vertheidiger des Angeklagten den Antrag auf Stellung einer Zusatzfrage, des Inhalts, ob nicht, den Fall der Verneinung der Hauptfrage vorausgesetzt, der Angeklagte sich wenigstens eines Unzuchtsversuchs schuldig gemacht habe. Der Assisenhof gab dem Antrage der Staatsbehörde statt, verwarf jedoch jenen der Vertheidigung aus dem Grunde, „weil die von der Vertheidigung formulirte Frage neben der vorliegenden Anklage als rechtlich unerheblich erscheine."

Gegen dieses Zwischenurtheil bez. das ergangene verurtheilende Enderkenntniß sah sich der Vertheidiger des Angeklagten mit der Nichtigkeitsbeschwerde vor, welche die Staatsbehörde am obersten Gerichtshof zu verwerfen beantragte.

## Cassationshofs-Urtheil:

In Erw. in der am Gr. Schwurgerichtshof der Provinz Starkenburg am 16. April l. J. über die gegen den Nichtigkeitskläger, conform dem Verweisungsurtheil des Gr. Hofgerichts dahier vom 31. März l. J. vorher von Seiten der Gr. Staatsbehörde dahin erhobenen Anklage:

> daß derselbe schuldig sei, am 21. Februar 1869 auf dem Wege von Heiligkreuz-Steinach nach Altenbach die 22jährige ledige Katharine Schäfer von Altenbach durch körperliche Gewalt außer Stand gesetzt, seinen Lüsten Widerstand zu leisten, und sie in solchem Zustande geschändet zu haben, indem er sie, als sie vor ihm floh, verfolgte, sie hinten erfassend, zu Boden warf, ihren Leib entblößte, sich auf sie legte und ohne, oder gegen ihren Willen seine Geschlechtstheile mit den ihren vereinigte"

stattgehabten Verhandlung, der Vertheidiger des Angeklagten vorerst an den Präsidenten und dann an den Assisenhof den Antrag richtete, daß für den Fall der von den Geschworenen erfolgenden Verneinung der primären Frage, denselben die Zusatzfrage vorgelegt werde, „ob es erwiesen sei, daß der Angeklagte die Absicht, die im Zustande der Betäubung befindliche Katharine Schäfer zu schänden, auszuführen begonnen habe" und die Staatsbehörde ihrerseits die Stellung einer dahin gehenden Zusatzfrage in Antrag brachte:

„Ob der Angeklagte das vorgenannte Verbrechen verübt, jedoch eine Vereinigung der Geschlechtstheile nicht erzielt, daß er somit durch die Ausführung jener Handlungen nur die Ausführung seiner Absicht, die Katharine Schäfer zu schänden, angefangen habe?"

und der Assisenhof durch sein Zwischenurtheil von demselben Datum zwar dem Antrag der Staatsbehörde deferirte, dagegen jenen der Vertheidigung verwarf, weil die von der Vertheidigung formulirte Frage neben der vorliegenden Anklage als rechtlich unerheblich erscheine.

In Erw. nachdem hierauf die Geschworenen die primäre Frage bejaht hatten, wonach die eventuell gestellt gewesene Frage sich von selbst erledigte, der Assisenhof gegen den Angeklagten den Art. 329 des Strafgesetzbuchs zur Anwendung gebracht und ihn wegen des consummirten Verbrechens der Nothzucht zu einer Strafe von drei Jahren Zuchthaus verurtheilt hatte, der Verurtheilte das Rechtsmittel der Nichtigkeitsbeschwerde zur Hand nahm und in seiner hierher eingereichten Denkschrift dieselbe speciell gegen das erwähnte Zwischenurtheil richtete, indem er im Wesentlichen auszuführen sucht, die Straf-Prozeß-Ordnung gebe ihm die Befugniß, zum Zwecke seiner Vertheidigung die Stellung einer Zusatzfrage zu verlangen, von dieser Befugniß habe er Gebrauch gemacht, und sie sei ihm auf einen Grund hin versagt worden, der das Gesetz verletze — Art. 459, Nr. 6 der Str. P. O. — das Gericht habe nämlich die Frage, wie sie formulirt worden, im Hinblick auf die wirklich gegen ihn gestellte Anklage für unerheblich erklärt, während der zur Anklage gestellte Reat unter den Art. 329, jener Reat aber, der in der Zusatzfrage zur Anklage intentirt wurde, als das Verbrechen der Verführung zur Unzucht unter die Strafverfügung des Art. 334 des Strafgesetzbuchs falle.

In Erw. jedoch dieser speciell vorgebrachte Nichtigkeitsgrund sich als unbegründet darstellt, da der Antrag nach dem wörtlichen Inhalt des Sitzungsprotokolls, sowie nach seinem klaren Sinne auf die Eventualität hin gestellt ist, daß die Geschworenen die primär an sie gerichtete Frage, ob der Angeklagte sich des im Art. 329 des Str. G. B. pönalisirten vollendeten Verbrechens der Nothzucht schuldig gemacht, verneinen sollten, und daß sie in diesem Falle noch über die weitere Frage ihr Verdict abgeben sollten, ob er nicht mindestens sich durch seine Thathandlung der versuchten Verführung zur Unzucht — Art. 334 ibid. —

schuldig gemacht habe, daß aber ein solcher Antrag nicht nur nicht in dem rechtlich allein zu beachtenden Interesse der Vertheidigung liegt, sondern mit demselben in offenbarem Widerspruch steht, weil die Verneinung der primären Frage nothwendig eine Freisprechung zur Folge haben mußte, wenn die Staatsbehörde nicht ihrerseits die Stellung von eventuellen Fragen veranlaßte, wodurch mindestens eine geringere Strafbarkeit durch den Wahrspruch der Geschworenen sicher gestellt wurde, daß dieß aber nur die Aufgabe der anklagenden Behörde sein kann, wie denn auch der Art. 370 der Str. P. O., der dem Angeklagten die Beantragung solcher Zusatzfragen gestattet, nur Fälle namhaft macht, wo umgekehrt die Geschworenen die Principalfrage bejahen werden, und die Vertheidigung ein Interesse hat, einen Umstand zur Gewißheit zu bringen, wonach nichtsdestoweniger entweder die völlige Straflosigkeit des Angeklagten oder mindestens eine gesetzlich festgestellte geringere Strafe gegen ihn erkannt werden kann;

In Erw. im Uebrigen die unter Strafe der Nichtigkeit zu beobachtenden Formen gewahrt erscheinen,

durch Urtheil hiermit zu Recht erkannt:

daß die erhobene Nichtigkeitsbeschwerde als unbegründet zu verwerfen sei, unter Verurtheilung des Nichtigkeitsklägers in die Kosten derselben liquidirt auf neun Gulden dreißig Kreuzer.

Darmstadt, 7. Juni 1869. Präs.: Benner.

Ref.: Dernburg. Staatsbeh.: Dr. Franck, in Vertretung des G. St. P.

Cass.-Kl.: Heumann.

## Rechtliche Wirkung einer Appellationsanzeige.

Durch die von dem Staatsanwalt generell eingelegte Appellation wird das Appellations-Gericht allgemein mit der ganzen in Frage stehenden Untersuchungssache befaßt. Es ist daher nicht berechtigt, einen von dem Gr. Ober-Staatsanwalte genommenen Strafantrag aus dem Grunde als unzulässig abzuweisen, weil aus den von dem Staatsanwalt bei der Verhandlung in erster Instanz gestellten Anträgen zu entnehmen sei, daß sich die Appellation desselben auf den Theil des Urtheils, dessen Abänderung der Ober-Staatsanwalt verlange nicht bezogen habe.

(Nr. 576 v. St. u. O.) U. S. g. Graul u. Lang.

---

In der Hauptverhandlung gegen Peter Graul von Rinderbügen und A. Lang von Hüttengesäß, welche wegen Körperverletzung im Raufhandel vor das Bezirksstrafgericht Ortenberg verwiesen worden waren, nahm der Großh. Staatsanwalt den Antrag, den Graul mit Correctionshausstrafe zu belegen, den Lang aber freizusprechen. Da das Gericht nur dem letzteren Antrag deferirte, für die Verschuldung des Graul aber eine Gefängnißstrafe ausreichend erachtete, so zeigte der Staatsanwalt ganz allgemein das Rechtsmittel der Appellation gegen das bezirksstrafgerichtliche Urtheil an. Bei der Verhandlung vor dem Appellationsgericht reproducirte der Oberstaatsanwalt in Bezug auf Graul den in erster Instanz von der Staatsbehörde gestellten Antrag, sah sich aber zu gleicher Zeit veranlaßt, auch hinsichtlich des Lang eine Abänderung des freisprechenden Urtheils zu beantragen. Das Hofgericht erkannte zwar dem ersterwähnten Antrag des Oberstaatsanwalts entsprechend, glaubte aber in eine Berathung des in Beziehung auf Lang gestellten Antrags gar nicht eingehen zu können, weil der Staatsanwalt am Bezirksstrafgericht Ortenberg bei der Verhandlung vor diesem Gericht selbst die Freisprechung des Lang beantragt habe, weßhalb angenommen werden müsse, daß die Appellationsanzeige desselben sich nur auf den die Verurtheilung des Graul enthaltenden Theil des bezirksstrafgerichtlichen Urtheils beziehe. Der Oberstaatsanwalt sah sich gegen das seinen Antrag auf Bestrafung des Lang als unzulässig zurückweisende Hofgerichtsurtheil mit der Nichtigkeitsbeschwerde vor, welcher die Staatsbehörde am obersten Gerichtshof statzugeben beantragte.

## Cassationshofs-Urtheil:

In Erw. Peter Graul durch Urtheil des Gr. Bezirksstrafgerichts Ortenberg vom 13. März l. J. wegen im Affect verübter Körperverletzung des Jacob Weber in eine Gefängnißstrafe von 6 Wochen verurtheilt, der heutige Nichtigkeitsbeklagte Adam Lang dagegen wegen desselben Vergehens und wegen Ehrenkränkung freigesprochen wurde, daß der Staatsanwalt an diesem Gerichte unterm 15. März l. J. gegen dieses Urtheil die Appellation anmeldete,

daß bei der Verhandlung am Gr. Hofgerichte der Gr. Oberstaatsanwalt bezüglich des Graul eine entsprechende Erhöhung der ausgesprochenen Strafe, und gegen Lang dessen Bestrafung nach Maßgabe der Art. 263 und 122 des Str. G. Bs. beantragte,

daß das Hofgericht den letzteren Antrag darum als unzulässig abgewiesen hat, „weil der Staatsanwalt am Bezirksstrafgericht, welcher selbst auf Freisprechung des Adam Lang angetragen habe, wie sich aus seinem an den Gr. Oberstaatsanwalt erstatteten Bericht ergebe, bei seiner Appellationsanzeige offenbar nur die Verfolgung der Beschwerde wegen des Theils des Erkenntnisses des Bezirksstrafgerichts bezweckte, welcher auf die gegen Graul ausgesprochene Gefängnißstrafe Bezug hatte".

In Erw. jedoch durch die generelle Appellations-Erklärung des Gr. Staatsanwalts dem Hofgericht, nach Art. 439 seq. und Art. 18 der Str. P. O. die Cognition über die den beiden Beschuldigten zur Last gelegte Körperverletzung erwachsen war,

daß diese Cognition ihm bezüglich des Beschuldigten Lang auch dadurch nicht wieder entzogen wurde, daß der Gr. Staatsanwalt am Bezirksstrafgericht in seinem Berichte an den Gr. Oberstaatsanwalt die Berufung nur bezüglich des Beschuldigten Graul zu rechtfertigen suchte, sowie auch der Umstand dem Strafantrag der Staatsbehörde in appell. nicht entgegensteht, daß der Staatsanwalt in erster Instanz auf Freisprechung angetragen hatte, daß hiernach der Antrag des Gr. Oberstaatsanwalts auf Reformation des Urtheils bezüglich des Lang und Verfällung desselben in die gesetzliche Strafe ein zulässiger war und Gr. Hofgericht durch dessen Abweisung die Grundsätze über die Rechtswirkung der Appellation verletzt hat, somit dessen Urtheil zu vernichten ist.

In Erw. daß der Beschuldigte vorerst mit seiner Vertheidigung gehört werden muß, daher die Sache zur anderweiten Verhandlung und Entscheidung unter dem Ausspruch der entschiedenen Wahrheit an das zuständige Gericht zurückzuverweisen ist,

durch Urtheil zu Recht erkannt:

daß das Urtheil des Gr. Hofgerichts der Provinz Oberhessen vom 27. April l. J. insoweit zu vernichten sei, als es die Beschwerde des Gr. Oberstaatsanwalts bezüglich des Adam Lang als unzulässig verworfen und erkannt hat, daß es bezüglich des letzteren bei dem angefochtenen Erkenntniß zu belassen sei; als entschiedene Wahrheit zu erklären sei, daß Gr. Hofgericht durch die unterm 15. März 1869 erfolgte Appellationsanzeige des Gr. Staatsanwalts mit der Berufung gegen den Beschuldigten Adam Lang in gesetzlicher Weise befaßt war und die Sache bezüglich des genannten Beschuldigten an das Gr. Hofgericht der Provinz Oberhessen zurückzuverweisen sei, damit dieses weiter erkenne was Rechtens.

Darmstadt, den 7. Juni 1869. Präs.: Benner.

Refer.: Dr. Röder. Staatsbeh.: Dr. Franck, in Vertretung d. G. St. Pr.

Cass.-Kl.: v. Buri.

## Rückfall.

**Die durch ein rechtskräftiges Urtheil festgestellte Qualification der That ist für den Richter bindend zu erachten, welcher über die Voraussetzungen des Rückfalls zu erkennen berufen ist. Die nochmalige Prüfung eines rechtskräftigen Urtheils nach irgend welcher Seite hin erscheint daher als unzulässig.**

Nr. 577 v. St. u. D. U. S. g. Klee.

Johannes Klee von Queck, von der Anklagekammer des Gr. Hofgerichts zu Gießen wegen Brandstiftung vor die Assisen verwiesen, wurde von den Geschworenen der ihm zur Last gelegten Thathandlungen für schuldig erkannt und hierauf von dem Assisenhofe durch Urtheil vom 7. April 1869 mit Rücksicht darauf, daß er bereits im Jahr 1861 wegen an einem öffentlichen Gebäude verübter Eigenthumsbeschädigung rechtskräftig verurtheilt worden war, wegen Brandstiftung im Rückfall (Art. 94 pos. 8 Str. G. B.) mit einer geschärften Zuchthausstrafe von 4 Jahren belegt. Der Angeklagte wendete gegen dieses Urtheil die Nichtigkeitsbeschwerde deßhalb ein, weil ein Rückfall als vorhanden angenommen worden sei, obgleich die ihm zur Last gelegte Eigenthumsbeschädigung in Wirklichkeit nicht an einem öffentlichen, sondern an einem Privatgebäude verübt worden und daher im Hinblick auf Art. 125 pos. 4 und 424 Str. G. B. längst verjährt sei.

Die Staatsbehörde am obersten Gerichtshof beantragte die Verwerfung der Nichtigkeitsbeschwerde als ungegründet.

### Cassationshofs-Urtheil:

In Erw. der Nichtigkeitskläger durch Urtheil des Schwurgerichtshofes der Provinz Oberhessen vom 7. April l. J. wegen im Rückfall verübter Brandstiftung in eine geschärfte Zuchthausstrafe von vier Jahren und in die Kosten verurtheilt worden ist, daß derselbe seine, gegen dieses Erkenntniß gerichtete Nichtigkeitsbeschwerde darauf stützt: „daß der Schwurgerichtshof mit Unrecht einen Rückfall angenommen habe, der in dem vorliegenden Falle als Strafschärfungsgrund nicht angesehen werden könne; er sei zwar allerdings durch Urtheil des Landgerichts Lauterbach vom 21. Februar 1861 wegen Eigenthumsbeschädigung in eine Gefängnißstrafe von drei Wochen verurtheilt worden, gleichwohl habe er aber durch die neuerdings begangene Brandstiftung die Strafe des Rückfalles nicht verwirkt, weil nach Art. 103 des Strafgesetzbuchs der Rückfall die Eigenschaft eines Schärfungsgrundes verliere, wenn seit dem Tage der beendigten Strafverbüßung bis zur Begehung des neuen Verbrechens die im Art. 125 des Strafgesetzbuches für das bestrafte Verbrechen bestimmte Verjährungszeit abgelaufen sei; dieß sei in concreto der Fall, da die von ihm verübte Eigenthumsbeschädigung nicht, wie der Schwurgerichtshof mit Unrecht angenommen habe, an einem öffentlichen, sondern an einem Privatgebäude verübt worden sei, das dadurch diesen Charakter nicht verloren und den eines öffentlichen Gebäudes angenommen habe, daß der Private es dem Staate als Amtslocal des Kreisamtes miethweise überlassen habe, — die Verjährungszeit betrage daher nach Art. 424 und 125 Nr. 4 des Strafgesetzbuches drei Jahre, und nicht, wie der Schwurgerichtshof mit Bezugnahme auf die Art. 425 Nr. 2 und 125 Nr. 2 annehme, zehn Jahre, und hätte deshalb bei der am 2. Februar 1869 begangenen Brandstiftung die Eigenthumsbeschädigung aus dem Jahre 1861 nicht als Strafschärfungsgrund in Betracht gezogen werden können.

In Erw. jedoch in eine Untersuchung der von dem Nichtigkeitskläger erhobenen Vorfrage, ob das einem Privaten gehörige, aber von dem Staate zur Aufnahme einer Behörde des Staats gemiethete Gebäude als ein öffentliches im Sinne des Art. 425 Nr. 2 des Strafgesetzbuchs anzusehen, nicht einzugehen ist, weil in dem, den Acten beiliegenden Urtheile des Landgerichts Lauterbach vom 21. Februar 1861 entschieden ist, daß die fragliche Eigenthumsbeschädigung an einem öffentlichen Gebäude stattgefunden habe, dieses Urtheil die Rechtskraft beschritten hat, die darin festgestellte Qualification der That für den späteren Richter bindend ist, und dieselbe nicht einer nochmaligen Prüfung unterzogen werden kann, daß hiernach in dem vorliegenden Falle der Rückfall noch nicht die Eigenschaft eines Schärfungsgrundes verloren hatte, und der Schwurgerichtshof mit Recht eine Strafschärfung ausgesprochen hat,

durch Urtheil hiermit zu Recht erkannt:
daß die erhobene Nichtigkeitsbeschwerde als unbegründet zu verwerfen sei, unter Verurtheilung des Nichtigkeitsklägers in die Kosten derselben, liquidirt auf neun Gulden achtundvierzig Kreuzer.

Darmstadt, 14. Juni 1869. Präs.: Benner.

Ref.: Röder. Staatsbeh.: Dr. Franck, in Vertretung des Gr. General-Staats-Procurators.

Caſſ.-Kl.: Reatz.

---

## Zuständigkeit der Anklagekammer zur Entscheidung über ein Gesuch um Freilassung gegen Caution.

**So lange ein Anklagekammerbeschluß, durch welchen ein Angeklagter zur Aburtheilung vor den Schwurgerichtshof verwiesen worden ist, noch nicht die Rechtskraft beschritten hat, ist die Anklagekammer zur Entscheidung über ein Gesuch des Angeklagten um Freilassung gegen Caution für competent zu erachten.**

Nr. 583 v. St. u. O. U. S. g. Haas.

---

Levi Haas III., Handelsmann in Darmstadt, welcher durch Verweisungsbeschluß der Anklagekammer Gr. Hofgerichts dahier vom 3. Juli 1869 wegen Betrugs zur Aburtheilung vor den Schwurgerichtshof, unter Verordnung der Fortdauer der Haft, verwiesen worden war, zeigte gegen diesen Beschluß die Nichtigkeitsbeschwerde an und wandte sich, noch ehe der Cassationshof über dieses Rechtsmittel entschieden hatte, mit einem Gesuch um Freilassung gegen Caution an die Anklagekammer. Durch Beschluß vom 21. Juli 1869 erklärte sich diese Gerichtsbehörde zur Entscheidung über diesen Antrag für nicht mehr competent, weil ihre Gerichtsbarkeit in der Sache mit Erlaß des Verweisungsbeschlusses erschöpft sei.

Gegen diesen Beschluß wendete der Angeklagte die Nichtigkeitsbeschwerde ein, welcher die Staatsbehörde am obersten Gerichte stattzugeben beantragte.

## Cassationshofs-Urtheil:

In Erw. der Nichtigkeitskläger Levi Haas, nachdem er unter der Anschuldigung der Schriftfälschung und des ausgezeichneten Betrugs durch Beschluß der Anklagekammer des Gr. Hofgerichts dahier vom 3. Juli d. J. zur Aburtheilung vor den Schwurgerichtshof der Provinz Starkenburg verwiesen, und auf Grund des Art. 263 der Str. P. O. die Fortdauer der gegen Denselben bestandenen Untersuchungshaft verordnet war, sich in einer Vorstellung vom 17. Juli darauf an die Anklagekammer um Freilassung gegen Bürgschaftsleistung gewendet hat, diese jedoch unter Bezugnahme auf die Vorschriften der Art. 106 und 263 der Str. P. O. und auf ein von dem obersten Gerichtshofe unterm 2. August 1866 erlassenes Urtheil, weil nach Erlaß des Verweisungsbeschlusses ihre Jurisdiction erschöpft sei, sich, auf einen solchen Antrag zu erkennen, zur Zeit für incompetent erklärte;

In Erw. der Nichtigkeitskläger gegen diesen letzten Beschluß das Rechtsmittel der Nichtigkeitsbeschwerde ergriffen hat und solches in einer hierher gelangten Rechtfertigungsschrift dadurch zu begründen suchte, daß

I. an und für sich die Richtigkeit des Grundsatzes, worauf die Anklagekammer und die angezogene oberstrichterliche Entscheidung sich beruft, nicht zu billigen sei, und

II. jedenfalls in concreto, wo das Verweisungsurtheil nicht nur die Rechtskraft noch nicht beschritten habe, sondern noch nicht einmal dem Angeklagten insinuirt sei, man auch nicht im Sinne des Art. 106 der Str. P. O. behaupten könne, daß die Anklagekammer ihre Jurisdiction erschöpft habe.

In Erw. es nicht nöthwendig erscheint, in die Prüfung der unter I. von dem Anwalt des Nichtigkeitsklägers gegen die Richtigkeit des von dem obersten Gericht in seinem Urtheile vom 2. August 1866 adoptirten Grundsatzes erhobenen Bedenken einzutreten, indem, wie von Demselben unter II. hervorgehoben wird, der fragliche Grundsatz in dem vorliegenden Falle keine Anwendung zu finden hat, wo nicht nur die Formalien des Art. 340 der Str. P. O. noch nicht erfüllt sind, daher der Verweisungsbeschluß noch keine Rechtskraft erlangt hat, sondern dieser Beschluß nicht einmal dem Nichtigkeitskläger insinuirt ist, demnach ihm gegenüber noch nicht existirt, und ein anderes Gericht mit der Sache noch keinen Augenblick befaßt war, die Anklagekammer sonach noch immer über einen Incidentpunkt, worüber sie sich noch nicht ausgesprochen hat, zu entscheiden competent ist, weil sie, nach Lage der Sache, definitiv noch nicht desaisirt war,

hiermit zu Recht erkannt:

daß der Beschluß der Anklagekammer des Großh. Hofgerichts der Provinz Starkenburg vom 21. Juli d. J. als nichtig aufzuheben, die gedachte Anklagekammer als zur Entscheidung über den Antrag des Nichtigkeitsklägers vom 17. Juli 1869 auf Freilassung gegen Stellung einer Bürgschaft für competent zu erklären und und demgemäß anzuweisen sei, bezüglich des fraglichen Antrags weiter, was Rechtens, zu verfügen.

Darmstadt, 16. Aug. 1869. Präs.: Benner.

Ref.: Dernburg. Staatsbeh.: Dr. Franck, in Vertretung d. G. St. P.

Cass.-Kl.: Krug II.

## Beeidigung der Zeugen.

Die gesetzliche Vorschrift, daß die Vernehmung der Zeugen eine eidliche sein soll, erleidet alsdann eine Ausnahme, wenn Gründe zu der Annahme festgestellt werden, daß ein Zeuge sich an der den Gegenstand der Untersuchung bildenden strafbaren Handlung betheiligt habe, oder daß ein persönliches Interesse an dem Ausfall der Untersuchung auf die Aussage desselben von Einfluß sein möge. (Artikel 145 pos. 3 St. P. O.).

Nr. 589 v. St. u. O. U. S. g. Zulauf.

---

In eine Untersuchungssache gegen Peter Horst von Leusel und Konrad Zulauf von Angenrod wegen Raufhandels war ursprünglich auch ein gewisser Heinrich Müller von Angerod verwickelt, jedoch wegen mangelnder Verdachtsgründe freigesprochen worden. Bei der Hauptverhandlung in zweiter Instanz, in welche Müller auf Antrag des Anwalts des die Appellation gegen das bezirksstrafgerichtliche Urtheil verfolgenden Zulauf als Zeuge geladen worden war, stellte der Vertheidiger den Antrag auf Beeidigung des Müller. Das Hofgericht wies jedoch durch Zwischenurtheil diesen Antrag ab, indem es von der Erwägung ausging, daß wegen der dem Zeugen möglicherweise drohenden Civilansprüche von Seiten eines der Mitbeschuldigten eine Befangenheit desselben bei der Zeugnißablage anzunehmen sei. Gegen dieses Zwischenurtheil verfolgte der Vertheidiger des Zulauf nach ergangenem Endurtheil die Nichtigkeitsbeschwerde aus dem Grunde, weil die gesetzliche Vorschrift, daß die Zeugenvernehmung eine eidliche sein solle, von dem Hofgericht verletzt worden sei.

Die Staatsbehörde am obersten Gerichtshofe beantragte die Verwerfung der Nichtigkeitsbeschwerde als unbegründet.

## Cassationshofs-Urtheil:

In Erw. daß die Art. 129 und 130 der Str. P. O. nur den Zweck haben, diejenigen Fälle zu bestimmen, in welchen ein Zeugniß nicht verlangt, und beziehungsweise die Zeugnißablage abgelehnt werden kann, diese Bestimmungen aber hier außer Betracht bleiben, da der Zeuge Heinrich Müller in der Sitzung des Appellhofs vom 15. Juni d. J., unter Einhaltung der Vorschriften des Art. 139 der Str. P. O. über den Sachverhalt vernommen worden ist.

In Erw. daß zwar der Art. 131 der Str. P. O. keine Anwendung finden konnte, da keiner der daselbst erwähnten Fälle vorliegt, in welchen eine Beeidigung des Zeugen nicht stattzufinden hat, und der Art. 145 der Str. P. O. die eidliche Vernehmung der Zeugen als Regel aufstellt, daß dagegen in dem letzten Absatze desselben bestimmt wird, daß die Beeidigung des Zeugen zu unterbleiben hat, wenn Gründe zu der Annahme vorliegen, daß ein Zeuge sich an den, den Gegenstand der Untersuchung bildenden, strafbaren Handlungen betheiligt habe, oder daß ein persönliches Interesse an dem Ausfalle der Untersuchung auf die Aussagen desselben von Einfluß sein möge.

In Erw. daß Gründe zu diesen, namentlich zu der letzteren Annahme, durch den Umstand nicht ausgeschlossen werden, daß Heinrich Müller einer strafbaren Betheiligung bei der fraglichen Schlägerei nicht für überführt erachtet und durch Urtheil des Großh. Bezirksstrafgerichts vom 9. April d. J. von Strafe und Kosten freigesprochen worden ist, solche Gründe aber auf thatsächliche Verhältnisse zurückzuführen sind, welche in der Cassations-Instanz einer weiteren Prüfung nicht unterliegen.

In Erw. daß hiernach in Folge der Abweisung des Antrags auf Beeidigung des als Zeugen vernommenen Heinrich Müller eine Gesetzesverletzung im Sinne des Art. 459 Nr. 6 der Str. P. O. nicht vorliegt, und auch im Uebrigen die bei Meidung der Nichtigkeit zu beobachtenden Förmlichkeiten des Verfahrens gewahrt erscheinen, und die einschlagenden Bestimmungen des Strafgesetzes richtig angewendet worden sind,

durch Urtheil hiermit zu Recht erkannt:

daß die von Seiten des Conrad Zulauf ergriffene Nichtigkeitsbeschwerde als unbegründet zu verwerfen, und der Nichtigkeitskläger in die Kosten dieser Instanz, liquidirt auf fünf Gulden funfzehn Kreuzer zu verurtheilen sei.

Darmstadt, 6. Sept. 1869. Präs.: Benner.

Ref.: Hallwachs. Staatsbeh.: Dr. Franck, in Vertretung des G. St. P.

---

Anmerkung. Diese Entscheidung des höchsten Gerichtshofs ist aus dem Grunde von besonderer Wichtigkeit, weil aus derselben die wahre Bedeutung des Schlußsatzes des Art. 297 St. P. O. mit Sicherheit entnommen werden kann. Indem nämlich der genannte Artikel verordnet, daß es dem discretionären Ermessen des Vorsitzenden überlassen bleibe, zu bestimmen, ob die von ihm vorgeforderten Zeugen und Sachverständigen zu vereiden seien oder nicht, hat er nur die von dem Vorsitzenden kraft seiner discretionären Gewalt vorgeforderten, nicht aber die auf Anstehen der Staatanwaltschaft und der Vertheidigung vorgeladenen Zeugen und Sachverständigen, bezüglich deren die allgemeinen Grundsätze eintreten, im Auge. Andernfalls würde ein aus der Vereidigung oder Nichtvereidigung eines Zeugen, dessen Vereidigung zulässig ist, hergenommenes Cassationsgesuch, als lediglich gegen das discretionäre Ermessen des Vorsitzenden gerichtet, unzulässig erscheinen, während der Cassationshof die oben mitgetheilte Nichtigkeitsbeschwerde entschieden als zulässig und nur als materiell unbegründet betrachtete und hiermit aussprach, daß der Schlußsatz des Art. 297 St. P. O. auf einen nicht durch die discretionäre Gewalt des Vorsitzenden vorgerufenen Zeugen nicht anwendbar sei.

---

## Thatbestand des ausgezeichneten Betrugs.

1) Zum Thatbestand des im Art. 397. pos. 3. pönalisirten Verbrechens des ausgezeichneten Betrugs gehört nur ein „falscher Eintrag" in das Handelsbuch, ohne Rücksicht darauf, ob das in concreto eingetragene Geschäft zu denen gehört, die im gegebenen Falle durch Handelsbücher bewiesen werden können.

2) Daß der in demselben Artikel erwähnte Gebrauch des falschen Eintrags vor Gericht stattgefunden habe, ist zum Thatbestand des ausgezeichneten Betrugs nicht erforderlich.

Nr. 601 pön. v. St. u. O. U. S. g. Haas.

---

Die factischen Verhältnisse, sowie die zur Entscheidung gekommenen Rechtsfragen ergeben sich aus folgendem

## Cassationshofs-Urtheil:

In Untersuchungssachen gegen Levi Haas III., 40 Jahre alt, Handelsmann von Groß-Bieberau, dermalen wohnhaft in Darmstadt, wegen ausgezeichneten Betrugs und Schriftfälschung, wird auf die gegen den Beschluß des Großh. Hofgerichts der Provinz Starkenburg vom 3. Juli und 6. September 1869, durch welchen der Rubrikat wegen obiger Beschuldigungen zur Aburtheilung vor den Schwurgerichtshof der Provinz Starkenburg verwiesen worden ist, von dem Vertheidiger des Beschuldigten, Gr. Hofgerichts-Advokaten Krug II. am 9. Sept. l. J. eingewendete Nichtigkeitsbeschwerde; nach Einsicht der Acten, insbesondere der Beschwerde-Ausführung vom 14. September, in welcher mit Bezugnahme auf Art. 454. Nr. 3 u. 4 d. St.P.O. beantragt wird:

den angefochtenen Verweisungsbeschluß als nichtig aufzuheben und nach Maßgabe des Art. 458 der St.P.O. anderweit, was Rechtens, zu verfügen, insbesondere die Verweisung des Angeklagten vor das Schwurgericht aufzuheben, den Angeklagten wegen der ersten, unter I. des Verweisungsurtheils enthaltenen Anklage auf Grund der Art. 391 und 392, sowie des Art. 125 des St.G.B. außer Verfolgung zu setzen, resp. diese Anklage beruhen zu lassen, auch dasselbe in Betreff der unter I. 2. des Verweisungsbeschlusses eventuell erhobenen Anklage wegen Betrugs zu verfügen, im Uebrigen aber diese Untersuchungssache an Gr. Landgericht zum Verfahren nach

Maßgabe des Art. 249 der St. P. O. zurückzuverweisen oder sonstwie zu Gunsten des Angeklagten was Rechtens zu verfügen;

auf den von dem bestellten Referenten, dem Gr. Oberappellations- und Cassations-Gerichts-Rathe Dr. Dernburg, erstatteten Vortrag, sowie nach Vernehmung der Staatsbehörde, welche den Antrag stellte:

die erhobene Nichtigkeitsbeschwerde, unter Verurtheilung des Querulanten in die Kosten, als unbegründet zu verwerfen,

und nach der hierauf in Abwesenheit der Staatsbehörde im Berathungszimmer gepflogenen Berathung;

In Erw. durch Verweisungsbeschluß der Anklagekammer Gr. Hofgerichts der Provinz Starkenburg vom 3. Juli 1869 der Nichtigkeitskläger zur Aburtheilung vor den Assisenhof dieser Provinz verwiesen wurde, wegen der ihm zur Last gelegten Verbrechen, welche darin bestehen:

I. daß derselbe im Jahre 1863 zu Groß-Bieberau als Geschäftstheilhaber der Handelsfirma Anselm Haas daselbst in der Absicht, die Rechte des Peter Roßmann zu Neutsch zu benachtheiligen und sich selbst einen unerlaubten Vortheil zu verschaffen, wissentlich falsche Thatsachen für wahr ausgegeben, indem er, obwohl zu dieser Zeit die in ein Darlehen verwandelte Schuld des Peter Roßmann an die fragliche Firma sich jedenfalls nicht höher als ein und siebenzig Gulden belief, in dem Hauptbuche der Firma A. Haas, das Compagnie-Geschäft betr., unter dem Datum 16, Januar 1863 unter „Soll" den falschen Eintrag:

an Baar Darlehen zahlbar mit 5 pCt. Zinsen lt. Handschrift 171 fl.

gemacht und ihn zur Begründung von Rechtsansprüchen gebraucht hat, indem er den fraglichen Bucheintrag im Jahr 1866 dem Peter Roßmann und dem Bürgermeister Hahn von Ober-Modau zur Begründung der Richtigkeit der von ihm gestellten Forderung und auch später zu demselben Zwecke dem Curator des Peter Roßmann, Peter Pritsch II. zu Neutsch vorlegte, und daß er durch alles dieß den gedachten Peter Roßmann in Schaden gebracht hat,

II. daß er eine von Peter Roßmann zu Neutsch ausgestellte ächte Urkunde folgenden Inhalts:

„Schuld-Verschreibung:

Ich Endes-Unterzeichneter Peter Roßmann von Neutsch urkunde und bekenne hierdurch, daß mir der Herr Anselm Haas von Groß-Bieberau die Summe von 71 fl., schreibe: Siebenzig ein Gulden im 52½ fl. Fuß als Darlehen vorgeschossen hat, quittire hiermit den richtigen Empfang des gedachten Betrages und verspreche solche mit fünf Procent jährlich von heute an zu verzinsen und auf Verlangen an meinen Creditor in guter und gangbarer Münze zurückzuzahlen. — Zugleich verzichte ich auf alle mir zustehende Einreden, insbesondere auf die des nicht empfangenen oder nicht vollständig empfangenen Geldes, auf die der Verletzung, des Irrthums und wie sie sonst Namen haben mögen.

Dessen zur Urkunde habe ich mich eigenhändig unterschrieben.

Groß-Bieberau, den 16. Januar 1863.

Peter Roßmann.

Der richtige Empfang der obigen Summe von Siebenzig ein Gulden wird hierdurch bescheinigt.

Groß-Bieberau, den 17. Januar 1863.

Peter Roßmann."

um dem Peter Roßmann zu schaden und sich selbst einen unerlaubten Vortheil zu verschaffen, durch Veränderung und Zusatz entstellt, indem er in der Urkunde der Zahl 71 die Zahl 1 vorsetzte, deßgleichen zwei Mal vor den Worten „siebenzig ein Gulden" jedesmal das Wort: „Einhundert" einschaltete, und daß er von dieser so verfälschten Urkunde dadurch Gebrauch machte, daß er sie im Monat März 1869 zur Begründung einer Executivklage durch seinen Anwalt bei Gericht in Abschrift einreichen ließ, auch vorher die Originalurkunde dem Peter Roßmann, sowie dem Curator des Peter Roßmann, Peter Pritsch II., zur Begründung seines Anspruchs vorzeigte,

eventuell: daß er im Januar 1863 in der Absicht die Rechte des Peter Roßmann zu benachtheiligen und sich selbst einen unerlaubten Vortheil zu verschaffen, arglistiger Weise täuschende Handlungen vorgenommen, indem er dem Peter Roßmann eine von ihm dem Angeklagten aufgenommene Schuldurkunde so vorlas, als wenn dieselbe nur auf den Betrag von siebenzig ein Gulden laute, während in Wirklichkeit er den Betrag von Einhundertsiebenzig Gulden darin aufgenommen hatte, daß er hierdurch den Peter Roßmann zur Unterzeichnung jener Urkunde veranlaßte und denselben hierdurch in einen Schaden von über fünfzig Gulden gebracht hat,

zur Aburtheilung vor den Schwurgerichtshof dieser Provinz und verordnet die Fortdauer der Haft des Levi Haas.

In Erw. derselbe gegen dieses Urtheil die Nichtigkeitsbeschwerde erhoben hat, und in einer ersten Beschwerde die Subsumtion der ihm unter I. zu Last gelegten Thathandlung unter den Art. 397. Nr. 3. des St. G. B. und demnach deren Qualification als ausgezeichneten Betrug als gesetzverletzend angreift,

Erstens, weil es sich von einem Darlehen handle, das von einem Handelsmann, der weder Banquier noch Wechsler sei, sondern, wie er, nur mit Landesproducten und Eisenwaaren handle, an einen Nichthandelsmann als falsch in das Handelsbuch eingetragen worden sein solle, zur Anwendung des Art. 397, Nr. 3. aber erfordert sei, daß die Handelsbücher im concreten Fall Beweiskraft nach dem Gesetze haben, was bei einem solchen Darlehen nicht zutreffe;

Zweitens, weil aber auch der Gebrauch, den er von diesem falschen Eintrag gemacht haben solle, ebensowenig ein solcher sei, den das Gesetz pönalisire, welches verlange, daß von einem solchen bei Gericht, oder doch zu dem Zwecke Gebrauch gemacht worden sei, um eine außergerichtliche Anerkennung eines Rechtsanspruchs oder ein Aufgeben eines solchen zu erwirken, vorliegend die Forderung schon im Jahr 1863 entstanden und der Gebrauch von dem Eintrag erst im Jahre 1866 stattgefunden haben soll;

In Erw. aber diese Beschwerde in keiner Richtung die Billigung des Gerichts zu finden vermag. Schon der ganz allgemeine Wortlaut des Artikels läßt solche Distinctionen nicht zu; es wird nur erfordert: 1) ein falscher Eintrag, 2) in Handelsbüchern da, wo solche — Handelsbücher — nach dem Gesetze als Beweismittel zugelassen werden, ohne Rücksicht darauf, ob das in concreto eingetragene Geschäft zu denen gehört, die im gegebenen Falle durch die Handelsbücher bewiesen werden können oder nicht, und 3) ein davon gemachter Gebrauch zur Begründung oder Entkräftung eines Rechtsanspruchs, wobei das Wo und Wie gleichgültig ist. Aber auch der Geist des Gesetzes stimmt mit solchen Distinctionen nicht überein, indem der Gesetzgeber das Privilegium, welches er dem Kaufmannsstand zur Begünstigung des Verkehrs gegen den so natürlichen Grundsatz, daß Niemand sich selbst eine Beweisurkunde schaffen kann, ertheilt, sich selbst durch die bloße Eintragung in seinen Büchern einen mehr oder weniger vollen Beweis für seine Rechtsansprüche zu verschaffen oder Rechtsansprüche Dritter zu entkräften, mit durchgreifenden Garanticen gegen jeden Mißbrauch derselben zu schützen sich verpflichtet fühlte, um dafür zu sorgen, daß ein solches Buch durchaus keine Unwahrheit und keine Falschheit enthalte, und auf keine Weise von einer solchen Gebrauch gemacht werde;

In Erw. in einer zweiten Beschwerde der Querulant behauptet, daß die eventuelle Verweisung unter I. 2. darum aufgehoben werden müsse, weil es sich in derselben nur von einem einfachen Betruge in Vertragsverhältnissen handle, zu dessen Strafbarkeit es schon im Allgemeinen der Anwendung einer besonderen Arglist bedurft hätte, welche die Anklageformel gar nicht articulire, das Vergehen aber auch nach Art. 125. Nr. 3. des St. G. B. verjährt wäre; derselbe aber übersieht, daß der Ankläger in Abrede stellt, sich zu etwas Anderm verbunden zu haben, als zur Zahlung von 71 fl., für welche Summe er den ihm zur Unterschrift vorgelegten Schuldschein vermeintlich unterzeichnet habe, weil er ihm auch nur als auf diese Summe sprechend vorgelesen worden sei, er aber für eine größere Summe keine Verbindlichkeit übernommen habe, der Betrug sohin, wenn ein solcher statt hatte, blos bei Gelegenheit des Abschlusses eines Vertrags, aber nicht in Vertragsverhältnissen stattgefunden haben würde;

durch Urtheil hiermit zu Recht erkannt:

daß die Nichtigkeitsbeschwerde des Querulanten als unbegründet abzuweisen, und derselbe in die durch dieselben veranlaßten Kosten, liquidirt auf fünf Gulden dreißig Kreuzer, zu verurtheilen sei.

Darmstadt, 6. Dec. 1869. Präs.: Benner.

Ref.: Dernburg. Staatsbeh.: Dr. Franck, in Vertretung des G. St. P.

Cass.-Kl.: Krug II.

## Beeidigung der Zeugen.

Der Art. 145. pos. 3. St. P. O. verbietet nicht die Beeidigung sämmtlicher Zeugen, welche an dem Ausgange eines Strafprocesses persönlich interessirt sind, sondern nur derjenigen, von denen angenommen werden muß, daß ihr persönliches Interesse auf ihre Aussage von Einfluß sein werde.

Nr. 608 pön. v. Stark. u. Oberh. U. S. g. Wall.

---

Heinrich Wall IV. von Rodheim, der in einem Civilprocesse gegen Meier Reiß von Friedberg den ihm zugeschobenen Schiedseid angenommen und ausgeschworen hatte, wurde deßhalb in eine Untersuchung wegen Meineids verwickelt, welche zu seiner Verweisung vor das Schwurgericht führte. Bei der Verhandlung beantragte der Vertheidiger des Wall, den Zeugen Meier Reiß und dessen Ehefrau, denen gegenüber der angeblich falsche Eid geleistet worden sei, unbeeidigt nur zur Auskunft zu vernehmen, weil dieselben an dem Ausfall der Untersuchung persönlich interessirt seien.

Der Assisenhof entsprach diesem Antrag aus dem Grunde nicht, weil nicht anzunehmen sei, daß das allerdings bestehende persönliche Interesse der Zeugen auf ihre Aussage von Einfluß sein werde. Gegen dieses Zwischenurtheil wendete, nach erlassenem verurtheilendem Erkenntnisse, der Angeklagte die Richtigkeitsbeschwerde an, welche die Staatsbehörde am obersten Gerichtshofe zu verwerfen beantragte.

## Cassationshofs-Urtheil:

In Erw. die Richtigkeitsbeschwerde darauf gestützt wird, daß der Zeuge Meier Reiß und dessen Ehefrau, obschon dieselben an dem Ausgang des Processes persönlich interessirt seien, indem der dem Angeklagten zur Last gelegte falsche decisorische

Eid gegen sie ausgeschworen worden sei, eidlich vernommen worden seien;

In Erw. daß der zur Rechtfertigung dieser Beschwerde angerufene Art. 145 der St. P. O. es dem Richter nicht verbietet, Zeugen, welche an dem Ausgange eines Strafprocesses persönlich interessirt sind, eidlich zu vernehmen, der Richter vielmehr nur die Frage zu prüfen hat, ob das persönliche Interesse des Zeugen einen Einfluß auf dessen Aussagen üben könne, und in diesem Falle die Beeidigung des Zeugen unterlassen soll;

daß in dem vorliegenden Falle der Schwurgerichtshof unter den obwaltenden Umständen einen solchen Einfluß nicht erkannte und deßhalb die Beeidigung zuließ;

daß derselbe hiermit eine seinem Ermessen überlassene factische Entscheidung gegeben, nicht aber das Gesetz verletzt hat;

daß hiernach die erhobene Nichtigkeitsbeschwerde als unzulässig zu verwerfen ist;

durch Urtheil hiermit zu Recht erkannt:

daß die erhobene Nichtigkeitsbeschwerde als unzulässig zu verwerfen, und der Nichtigkeitskläger in die Kosten derselben, liquidirt auf vier Gulden fünf und vierzig Kreuzer zu verurtheilen sei.

Darmstadt, 13. Dec. 1869. Präs.: Benner.

Ref.: Dr. Röder. Staatsbch.: Dr. Franck, in Vertretung d. G. St. P.

Cass.-Kl.: Curtmann.

---

## Thatbestand der Verläumdung im Sinne des Artikels 305 St. G. B.

Wenn in einer wegen Verläumdung eingeleiteten Untersuchung zwar die wissentlich falsche Eigenschaft der Nachrede nicht erhellt, der Be

diesen mit Strafe bedrohte und dabei auch derartige ehrenrührige Bezüchtigungen nicht ausnahm, die der Art gestaltet sind, daß in der Wirklichkeit deren Verbreiter entweder die Wahrheit gesprochen oder gelogen haben muß, ihm daher auch in dieser Unterstellung unter Strafandrohung Schweigen geboten ist, und zwar darum, weil es anders jedem verläumdungssüchtigen, feindlich gesinnten Menschen ein Leichtes wäre, den guten Ruf seiner Mitmenschen dadurch zu compromittiren, daß er ihnen solche Thathandlungen imputirte, bei welchen weder der positive Beweis des Art. 304, noch der negative des Art. 305 zu führen wäre, auf diese Weise aber die Ehrenrechte im Staate eines wirksamen Schutzes entbehren würden;

In Erw. daher die in Rede stehende hofgerichtliche Entscheidung zu vernichten ist, und da durch die von der Staatsbehörde inmittelst producirten Belege nachgewiesen wird, daß das frühere Urtheil seine Vollstreckung mittelst Strafabbüßung erhalten hat, nichts entgegensteht, daß das oberste Gericht selbst auf die Berufung der Staatsbehörde hin über die gegen die Nichtigkeitsbeklagte auszusprechende Strafe erkenne;

In Erw. da durch das Urtheil vom 3. Febr. 1867 gegen die Angeschuldigte nur eine Geldstrafe von 3 fl. verhängt war, eine Strafe von drei Tagen Gefängniß, geschärft durch Beschränkung der Kost auf Wasser und Brod während des ersten und dritten Tags (Art. 16. Nr. 1. des St.G.B.) hinreichend erscheint;

In Erw. die Angeschuldigte nach Art. 322 der St.P.O. in die Kosten zu verurtheilen ist,

durch Urtheil hiermit zu Recht erkannt:

daß das angefochtene Urtheil des Gr. Hofgerichts der Provinz Oberhessen vom 10. September 1869 zu vernichten, um ohne Wirkung zu bleiben, daß vielmehr in Erkenntniß über die Berufung der Gr. Staatsbehörde gegen das Urtheil des Gr. Landgerichts Nidda vom 4. August dieses Jahres die Nichtigkeitsbeklagte in eine dreitägige Gefängnißstrafe, geschärft durch Beschränkung der Kost auf Wasser und Brod während des ersten und dritten Tags zu nehmen und in die Kosten dieser und der Appellations-Instanz, von welchen erstere auf acht Gulden sieben und